日本のモノづくりを支える

九州の元気企業45社

日刊工業新聞特別取材班〔編〕

日刊工業新聞社

まえがき

九州が元気だ。２０１６年４月に発生した熊本地震は、九州経済に大きな被害を与えた。しかし地元の懸命の努力もあって、「創造的復興」に向けて着実に前進している。震災前を上回る業績を上げている企業も多い。大きなハンデを背負いながらも、今年の九州経済は全国を上回る成長を達成しそうだ。

日銀福岡支店などの景気判断をみると「緩やかに回復している」という表現が大勢を占めている。しかし製造業の生産水準は着実に高まっており、自動車や半導体など輸出も好調だ。これに伴い、設備投資も高い水準で安定している。観光を含む個人消費こそ不安定要素があるものの、全体としては底堅いものがありそうだ。景気拡大のカギになるのはやはり、地元に根付いた中堅・中小企業。もちろん九州各地には、様々な業種の優れた中堅・中小企業が数多く存在する。

日刊工業新聞は百余年前の創刊以来、「モノづくり」「中小企業」「科学技術」の３つのキーワードのもと、新聞を発行してきた。優秀な中堅・中小企業が全国に存在しているのは、日本経済の強みでもある。よって九州の優れた企業の情報を全国に発信するのは重要なミッションだと認識している。ただ得てして、優れた技術やサービスを持つ企業ほど「アピール下手」な面がある。こうした企業の応援団として、情報発信のお手伝いを行うことが日刊工業新聞の役割と考えている。本書を発行した狙いはまさにそこにある。

本書を手に取られた方は「この会社はよく知っている」「名前は聞いたことがあるが何をやっているかはよく知らない」「名前すら聞いたことがないが、面白そうな会社だな」など、様々な反応があるだろう。本書は限られた行数ながら、企業の特徴を最大限引き出したつもりだ。これによって距離が縮まれば、新たなビジネスチャンスが生まれるかもしれない。

本書の主な読者は企業、とりわけ製造業と関わりのある人が多いだろう。しかし就職活動を控えた学生の皆さんにも是非とも読んでいただきたい。自分が生まれ育った土地に、こんな素晴らしい企業があるということを知ってもらえれば幸いである。

日刊工業新聞社
西部支社長　嶋崎　直

目次

◆第2章　佐賀　長崎

佐賀

長崎

◆第3章　大分　鹿児島　熊本

大分

鹿児島

熊本

第1章

福岡

自動車産業を救う金型ドクター

㈱大阪精密

ドクターが金型を治療します―。大阪精密（大阪府八尾市）の北野社長は、同社行橋工場（福岡県行橋市）で主に海外製自動車用金型の修理を行っている。日産自動車九州（同苅田町）など自動車産業が多数集積する福岡県には2009年に進出した。以来需要が好調で、15年には大型化に対応する目的で工場を市内移転した。親子クレーンやダイスポッティングプレスなどを導入するなどさらに業容を拡大している。

社是・理念

「愛のある物づくり、愛情のある金型ドクターとして活動する事で、物づくり日本の社会に貢献する」を経営理念に掲げる。「脱デジタル、復活アナログ！」を目標に、一品一品技能者が手作業で作業する。精密溶接技術と仕上げ職人技術による安価・短納期は他社の追随を許さない。

代表取締役
北野 綱一 氏

■愛あるモノづくりを目指して

08年のリーマン・ショック前、北野社長は悩んでいた。地元・大阪の不況は深刻で、自動車や家電向け金型では利益が上がらない。「いっそ海外で出直そうか」とタイやベトナムも視察したが、地盤はない。そんな時、知人からの助言もあり九州が目に留まった。「自動車の生産拠点が集積している。チャンスかもしれない」と、地縁血縁の全くない地に単身乗り込んだ。

読みはズバリ当たった。九州は自動車生産地ながら金型の修理を手がける企業がなく、進出当初から問い合わせが相次ぎ、需要は右肩上がりに成長した。多い時は月に50型ほどの修理依頼があるが多すぎて対応できない。大型品も増えて依頼を断わるケースが相次いだため、15年には同じ行橋市内に工場を移転。15トンまでの中・大型金型の修理

移転後の行橋工場には大型設備が数多く置かれた

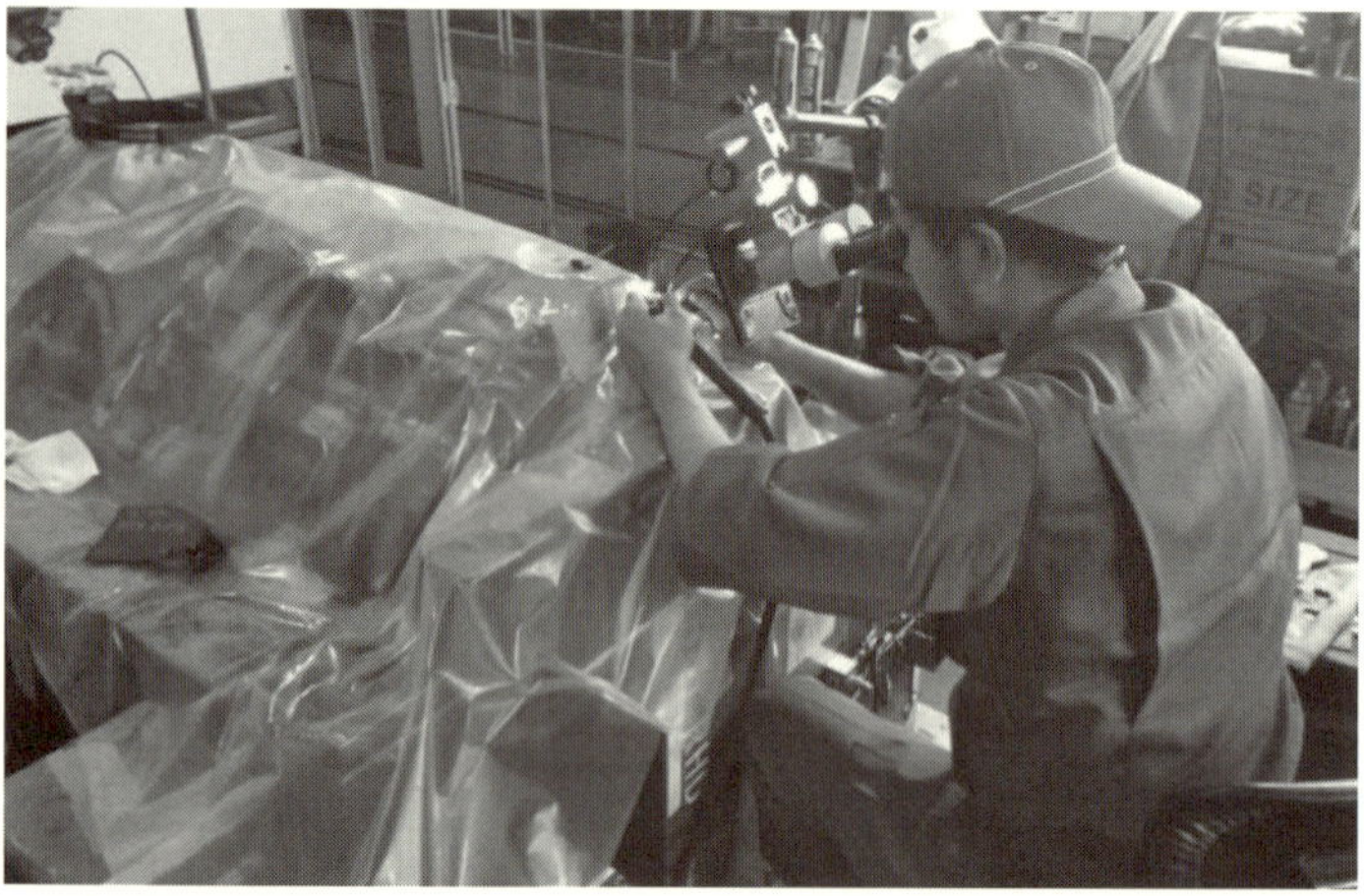

時には顕微鏡を使った修理も行われる

を始めた。

移転後の新工場の天井高は11mと、旧工場の2倍近い。新たに15トン/7・5トンの親子クレーンのほか、ダイスポッティングプレスや大型放電加工機、門型マシニングセンターなどの設備投資を続けて、大型品の修理を請け負っている。北野社長は「移転して受注がさらに増えた。注文はできるだけ断らないようにしたい」と話し、九州だけでなく中国地域まで広域に対応している。

北野社長は14年から大分県立工科短期大学校で金型保全技術者育成講座の講師も務めるなど、人材育成にも熱心に取り組んでいる。製品だけでなく人も育てるドクターは東奔西走の毎日だ。

記者の目

町医者からERに

九州進出前は「大阪精密でなくてもいい」と言われていたが、今では大阪でも九州でも「大阪精密でなくては」と言われるようになったのがうれしいとか。2011年には「金型ドクター」を商標登録し、バリ修理や破損などの不具合に祝日も対応している。その取り組みはもはやドクターというより、ER（救急医療）に近い。

会社概要

所　在　地：福岡県行橋市大字延永62-5（行橋工場）
電　　　話：0930-28-9012
設立年月：1957年4月
業　　　種：金型製作、修理、改造
売　上　高：3億円（2016年7月期）
事　業　所：大阪府八尾市（本社）

URL：http://www.osaka-seimitu.co.jp/

プロ集団が生み出す一品一様のセラミックス部品

大塚精工㈱

大塚精工は金属やセラミックスの超精密加工を強みとする部品加工メーカー。スマートフォン向け製造装置の電子部品を中心に、医療機器や半導体、航空宇宙産業まで幅広く対応している。大学など研究機関から試作段階の部品を請け負うこともある。大量生産ではなく〝究極の一品〟を目指した設備ラインを構築することで、同社にしかできない高付加価値部品を生み出す。

社是・理念

理念には「人間の温かい心と優れた技術の調和」を掲げる。大塚精工の社員は創業以来「クラフトマン」としての意識を持つ。モノづくりを通して社会に貢献するという強い思いが、超精密加工を可能にしている。

代表取締役社長
井石 雄一 氏

■加工技術の数値化でさらなる飛躍へ

1983年5月、工作機や組み立てで用いる治工具製造から出発した。当初は秘密保持の関係もあり大手部品メーカーの専業に近い経営体制を取っていた。2000年ごろから少しずつ業態を変え、現在は新潟と埼玉に営業所を構え、関東地域をカバー。超精密加工、微細加工、セラミックス精密加工の大きく3分野を手がける。

07年に社長に就任した井石雄一氏は現場技術者からのたたき上げ。「セラミックスの伸びしろは大きい」と需要拡大を見込み、同事業に重きを置いた経営方針を探る。セラミックス未使用のメーカーへの営業や新分野の開拓によって、現在35%程の同分野売り上げを将来は50%程度に引き上げる考えだ。

同社の成長の源泉となっているのが、毎朝10時に開く工

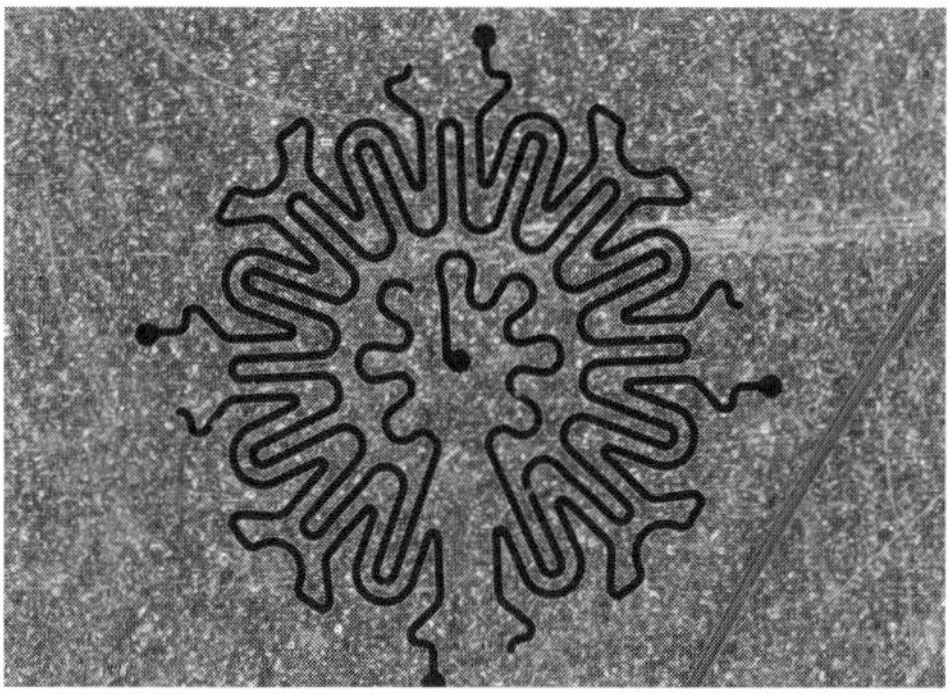

ワイヤ放電加工による超微細加工で髪の毛より細いスリット模様を可能にする

プロ集団の精密加工で一品一様の製品を作り上げる

程会議。マシニングセンターやワイヤ放電加工、円筒研磨など各セグメントの職長が集まり、変形の恐れがある部位の確認、見積もりの見直しなどを行う。コアとなる部位に関しては見積もり範囲内で、さらに厳しい公差を発注先に提案することもある。それらによって他社にできない超精密加工を実現し、顧客から高い評価を得ている。

これまでの設備投資はマシニングセンターや旋盤など工作機械が中心だったが、7年程前から測定機器など補助装置の導入も促進。勘や経験に頼っていた部分を数値化している。作業者の感覚と数値を比べることで精度のバラつきを減らす目的だ。営業でも測定機器に基づいた実績を提案できるなど相乗効果が生まれている。

記者の目

待ってでも頼みたい技がここに

井石社長が就任した2007年は激動の年だった。売上げの8～9割を占めていた下請けの仕事を発注先が撤退したためだ。だが、納期の関係で断っていた仕事が舞い込み、売上げを維持できた。待ってでも大塚精工に仕事を依頼したい顧客がいるのは同社でしかできないモノづくりがあるから。社員が明るく雰囲気が良い職場に、最新の精密加工機が並ぶ。プロ集団の加工技術は何にも変えられない価値がある。

会社概要

住　　所：福岡県糟屋郡志免町別府東 3-4-6
電話番号：092-931-2511
設立年月：1983 年 5 月
業　　種：各種金属およびセラミックスの超精密加工
売 上 高：11 億 6000 万円（2016 年 3 月期）
事 業 所：埼玉営業所、新潟営業所

URL：http://www.otsuka-pr.co.jp/

メイド・イン・ジャパンの真骨頂

㈱カミキ

数多くの素材をそろえ、他社が作ることができない製品を作る。カミキが製造する手袋は製鉄や自動車、化学プラントなどの現場で作業者を災害から守る高機能製品だ。アイテム数は1000を超える日本では珍しい特殊保護具メーカーだ。カミキは山九運輸（現・山九）社員だった江上社長の父・卯吉氏が創業した。

八幡製鉄所（現・新日鉄住金）で頻発していた手指の裂傷や切断を防ぎたいという思いが、特殊手袋製作につながった。牛革を使った接着縫製という特殊技術を使った手

社是・理念

より完璧な安全保護具を追求し続ける―。創業以来カミキの理念はこれにつきる。手袋、安全靴、足カバーと取り扱う製品は膨大だが、それらをほぼすべて国内で一品一品仕上げていく。決して安価ではないが、頑丈で使いやすい製品は今日も国内外の製造現場で作業員を見守っている。

代表取締役社長
江上 壮輔 氏

袋は丈夫で使いやすいと各所で評判を呼んだ。

■切創を防ぐ手袋

同社の代表的な製品が「鎖入手袋」だ。かつて鋼板製造現場では安価なゴム引軍手が主流だったが、擦り傷や切り傷といった微災害は防ぎきれなかった。鎖入手袋は指先から手の甲まで必要な場所に必要なだけ鎖を入れることで切創事故を防ぐ。八幡製鉄所で高く評価され、構内での事故低減に貢献したと1972年に表彰されている。

87年に製品化した防振手袋も有名だ。林業現場で深刻なチェーンソーを長時間使うことで起きる「レイノー現象」と呼ばれる末梢《まっしょう》循環障害を防ぐ。同手袋は開発当初から日本工業規格（JIS）で最高の振動減衰効果が認められ、最近では国際標準化機構（ISO）準拠のJIS試験適合認定を日本で最初に受けている。

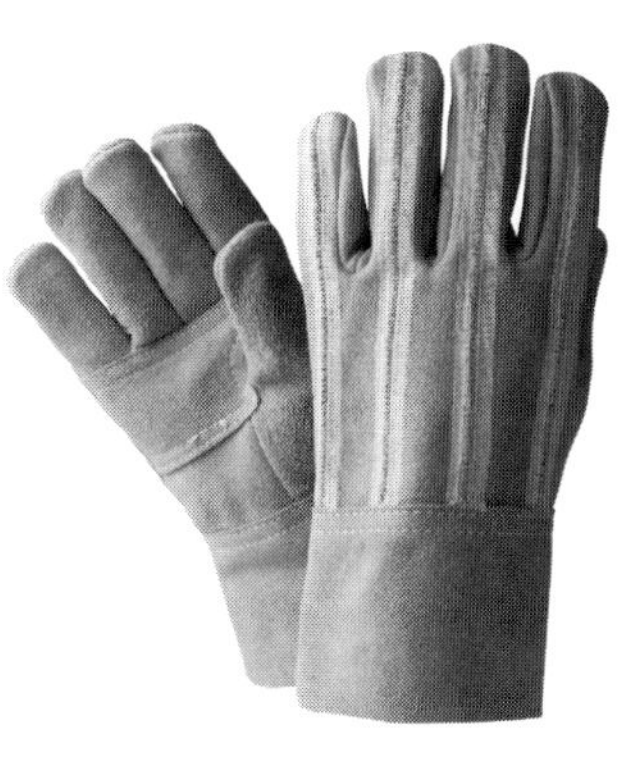

カミキの技術を結集した
両面鎖入革手袋

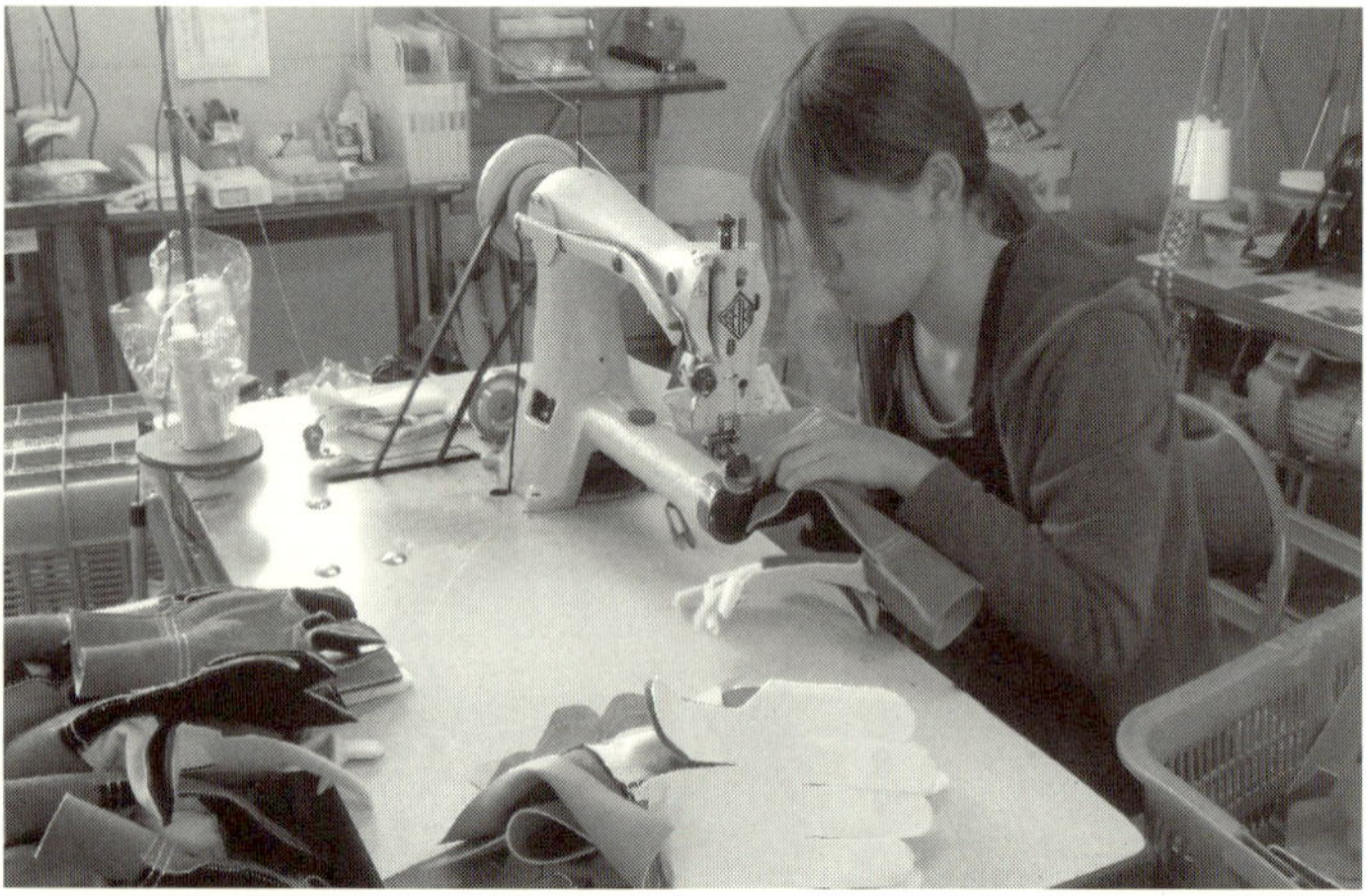

手袋は一品一品丁寧に仕上げられていく

また、すね部に強化プラスチック、甲部にズレ防止機能を装備し、側面に仕込んだ鋼線が横からの打撲を防ぐとともに、その鋼線を引き抜くことで緊急時の着脱も容易な「ワンタッチ式足カバー」の販売数量も増えている。新日鉄住金八幡製鉄所での大量受注も決まった。

中国から輸入する軍手を除き、すべての製品を本社工場で一品一品丁寧に製造している。その数は特殊手袋だけで月産1万4000双（セット）にのぼる。

本社工場が手狭になったため、2016年3月には本社隣接地の用地約2250㎡を取得、約8000万円を投じて倉庫2棟を建設した。近い将来は工場増設も視野に入れるなど、業容拡大が続いている。

記者の目

こだわりの逸品

カミキのすごさはその独自性にある。創業当初から製品づくりに対して徹底したオリジナリティーにこだわり、切創だけでなく、突き刺しや打撲、やけどなどに最適な素材や縫製を追求してきた。低価格の輸入品に対して、同社製品は作業する人にとって機能性や安全性を備えた逸品だ。まさにメイド・イン・ジャパンの真骨頂といえる。

会社概要

所 在 地：福岡県遠賀郡水巻町猪熊 1-3-37
電　　話：093-201-1360
設　　立：1958 年 12 月
業　　種：作業用手袋・足カバー製造
売 上 高：2 億 3400 万円（2016 年 6 月期）

URL：http://www.kamiki.jp

夢をリアルに。変化し続けるモノづくり進化形企業

㈱三松

三松は「小ロット製造代行サービス」をビジネスモデルとする。設計開発から切断、溶接、塗装、組み立てといったあらゆる加工が可能。高品質、短納期、少量多品種対応を追い求める中で進化し続ける現場からは「モノづくりのソフト化」という製造業の新たな在り方がみえてくる。

■職人技とＩＴの融合による進化

創業は1972年。当初、たばこ乾燥機など産業機械の製造を主に手がけていた。現在は「製造代行サービス」を

社是・理念

「変化に対応できたものだけが生き残る」という理念。その根底には「人と同じことはしない」という考えがある。

「メーカー」として持続的に成長するにはさまざまなリスクを伴う。「小ロット製造代行サービス」という独自路線を突き進むのは、メーカーとは別の形で「自ら値付けできる会社」になりたいという将来を見据えた思いがある。

代表取締役社長
田名部 徹朗 氏

軸とし、産学連携や工場内の生産管理システムの構築にも積極的に取り組む。変化を続ける現場だが田名部社長は「やっていることの根本は創業時から変わっていない」と断言する。

例えば、各種工作機械が並び、省人化、自動化が進む製造現場だが、切断、溶接、曲げなどあらゆる工程には人の手が欠かせない。月間約1万件の多様なオーダーへの対応は、随所に見られる職人技の積み重ねがあることによってはじめて成り立つ。

そんな技を支えるのが独自の生産管理システムによるきめ細かい工程管理だ。多品種少量生産を進めるため、いち早く93年ごろ導入。その後、改善を続けながら製造に関わるあらゆる工程を一元管理し、生産性や品質向上につなげている。

人の力と情報技術それぞれの強みを生かし、融合させる

設計から製造まで一貫した体制で展開

16年12月に完成した新工場「ＳＩＤセンター」

ことで現在のビジネスモデルの確立へつなげてきた。その先に目指すのは「三松ブランド」のさらなる拡大だ。

その取り組みの一つとして「ＳＩＤセンター」を設立した。センターで設計部門と製造部門の一体化を目指すほか、大手メーカーと連携しロボット教育やセミナーを実施するなど、外部に向けた取り組みを手がける。

その狙いを田名部社長は「九州の製造業のハブ拠点として企業同士の橋渡し役になりたい」と語る。同社のモノづくりには約１００社ある協力会社の存在も欠かせない。大手と中小という力関係にとらわれず、対等な関係を築く「橋渡し役」としてＳＩＤセンターの役割に期待を込める。

記者の目

「進化」が伝わる現場

訪れるたびに変化が目にみえる同社。田名部社長は工場の「ショールーム化」や「アトラクション化」を口にする。その裏には企業としての躍動感を取引先や地域にわかりやすく伝えることを重要視する姿勢がある。

また「みせる」ことにより従業員自身に広い視野を持ってもらう狙いもある。製造現場という限られた空間にとどまらず、外の世界を常に意識し、挑戦し続けることが躍進のカギとなっている。

会社概要

本社住所：福岡県筑紫野市岡田 3-10-9

電　　話：092-926-4711

設立年月：1972 年 3 月

業　　種：シートメタル（板金）加工による機械装置などの製造

売 上 高：23 億 4000 万円（2016 年 6 月期）

事 業 所：夜須工場（福岡県筑前町）、ハノイ・オフィス（ベトナム）

URL：http://www.sanmatsu.com/

グローバル・ニッチ・トップを目指し、事業展開

㈱C&Gシステムズ

金型用のコンピューター利用設計・製造（CAD・CAM）ソリューションメーカーとして、製造業の生産性向上に貢献してきた。持ち株会社設立から間もなく10年。統合効果もあり近年の売上げは伸びている。今後も海外市場の開拓や新分野の強化などを推進していく方針だ。

コンピュータエンジニアリング（CE社）とグラフィックプロダクツ（GP社）が２００７年、持ち株会社方式により経営を統合、10年には両社が合併し、社名をC&Gシステムズに改称した。CE社はプレス金型、GP社はモー

社是・理念

社是
「生産性の限界に挑戦する」
経営理念
「技術立国日本を代表するCAD／CAMソリューションメーカーとして、世界のモノづくりに貢献する」

代表取締役会長
山口 修司 氏

ルド金型を得意とし「双方の強みを生かせる経営統合だった」(山口会長)。

リーマンショック直後に受注が減少したが、10年度から15年度までの平均成長率は約9%に達した。経営統合により、顧客と接点を持つディーラー網が拡大したほか、モールドとプレス双方向けの製品を提案可能になった点も大きい。15年度の売上高のうち、新規ユーザー向けが2割を占める。

今後の開拓先としては特に海外を注視している。金型を使った量産技術によって生産した家電や自動車などを使う「文化的な生活を営む人は全世界で2割しかいない」(同)という。

■金型は成長産業

残り8割はこれから量産技術の恩恵を受ける人たち。世

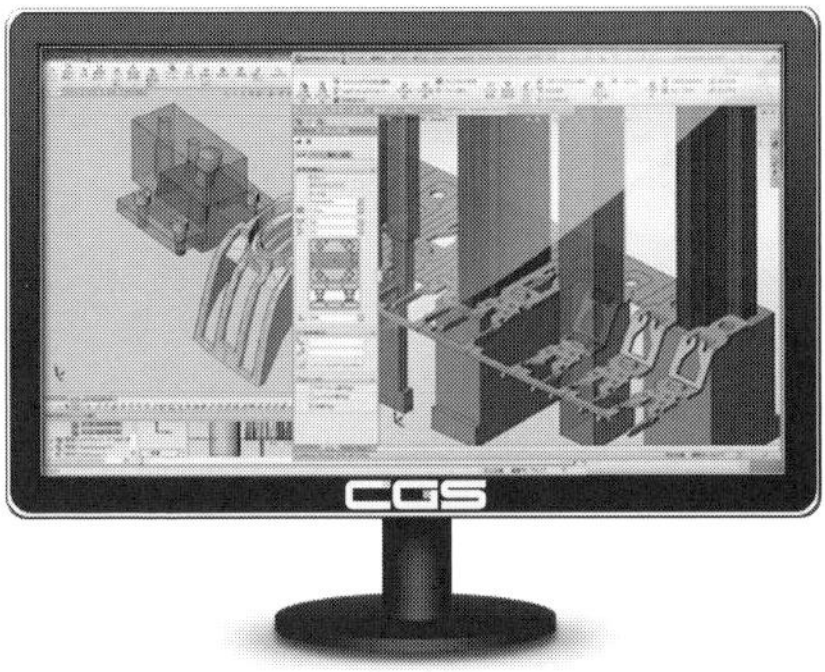

プレス、モールド双方の金型向けCAD/CAMを提供する

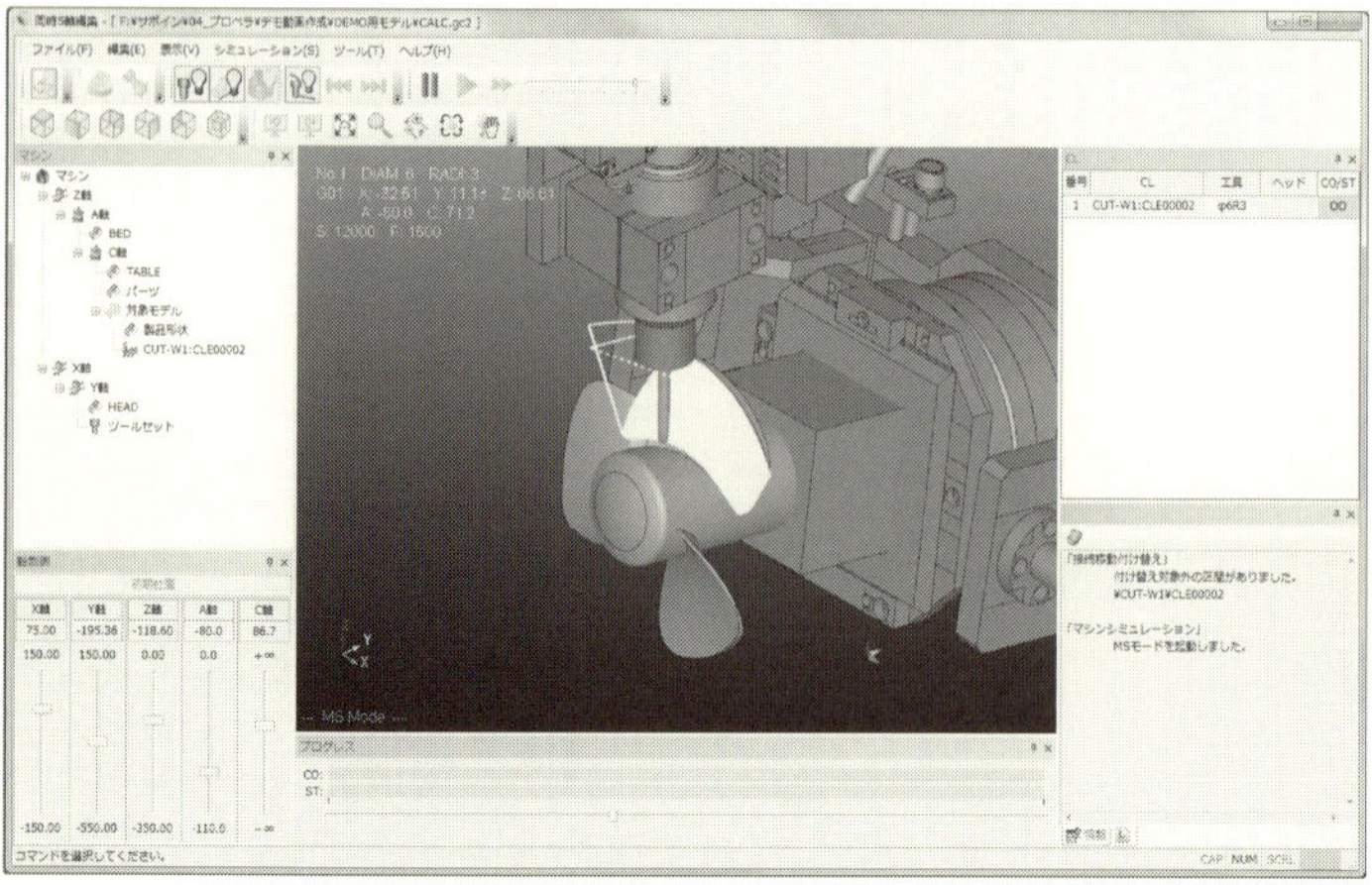

積層と切削のハイブリッド CAM イメージ

界的に見ると「金型はまだまだ伸びる成長産業であり、我々の技術が生産性向上にこれからも貢献できる」（山口会長）。

　また、静岡文化芸術大学、榎本工業と共同でハイブリッド3Dプリンターの開発を進めている。樹脂の立体積層と切削加工が1台で可能なハイブリッドの3Dプリンターは業界初とされ、C&GシステムズはCAMの開発を担当している。

　経営統合以前からの出荷分を含む同社製品の導入先は国内外合わせて約7000事業所。今後は海外市場を開拓し「真のグローバル・ニッチ・トップを目指す」（同）考えだ。

記者の目

製造業の生産性向上

量産品の製造に不可欠な金型。日本の技術力は今でも世界トップクラスだ。C & G システムズは金型向け CAD・CAM の提供により製造業の生産性向上に寄与してきた。今まで以上に注力する海外には同社のサポート拠点及び子会社を3カ国に配置する。グローバルトップの実現には海外で日系企業向けハイエンド品はもちろん、ローカル企業向けを開拓できるかがカギになる。写真はインドネシアテクニカルセンターが入るオフィスビル。

会社概要

住　　所：北九州本社／福岡県北九州市八幡西区引野 1-5-15
東京本社／東京都品川区東品川 2-2-24
電話番号：北九州本社／ 093-642-4541
設立年月日：2007 年 2 月
業　　種：製造業向けソフトウェアの開発・販売・サポート
売 上 高：43 億円（2015 年 12 月期連結）
事 業 所：本社／北九州、東京　支店／東京、北関東、名古屋、大阪、九州　営業所／松本、太田　テクニカルセンター／インドネシア

URL：http://www.cgsys.co.jp

技術とモノづくりで豊かな未来を

昭和鉄工㈱

1883年の創業以来、熱に関する技術を磨き、熱源製品や空調製品などを製造してきた。特にボイラーやヒーターの品種は豊富で他社を圧倒する。熱の技術を活用できる範囲は広がっており、今後も高効率・高環境製品の開発を推進する。同時にサービス部門も強化して顧客の利便性を高め、社会に貢献していく方針だ。

2019年度を最終年度とする中期経営計画では、「本業回帰で筋肉質な企業体質を実現する！」を掲げ、「熱の源流&サービス」領域へ経営資源を集中する取り組みを進

社是・理念

誠実を造り、
誠実を売り、
誠実をサービスする

新技術とコスト低減に挑戦し、常に顧客が期待以上に満足できる製品・サービスを提供することで、信頼され選ばれる会社を目指します。

代表取締役社長
福田 俊仁 氏

める。

「ボイラーのデパート」―。福田社長はボイラーの品揃えの多様さをこう表現する。1913年に国産初となる鋳鉄製セクショナルボイラーの実用化に成功して以来、多種多様なボイラーを製造。現在も国内メーカーで真空式と無圧式の両方を本格的に手掛けるのは同社のみと自負している。

技術力で顧客を開拓してきたが、今後はメンテナンスなどサービス部門を一層強化する。2016年4月にカスタマー営業部を新設。積極的に既存顧客との接点を持つことで機器の状態を把握し、最適なシステムの提案につなげる狙いだ。

また、ボイラーとヒートポンプに搭載するマイコンの開発も進めている。従来、外部から購入していたものを内製化し、全製品への搭載を目指す。機器の運転状況を遠隔地

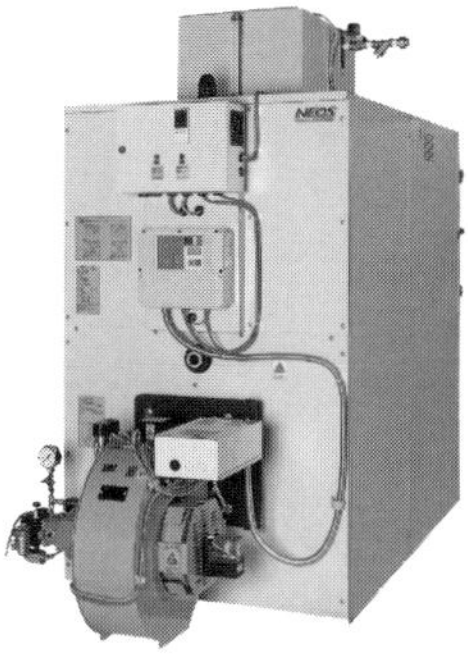

真空式と無圧式の
ボイラーを生産する

精密な鋳造加工品はボイラー製造で培った

から把握できる仕組みを構築し、「お客様にとって効率的かつ安全な運転につなげたい」（福田社長）と考えている。

■工業用熱処理炉が自動車業界にも採用

17年3月期の連結売上高は中期経営計画の目標である120億円を上回る見通し。サーモデバイス事業の売り上げが好調に推移したのが要因の一つだ。熱の技術を応用した工業用熱処理炉は、液晶・半導体業界を中心にガラス基板用のほか、高張力鋼板ホットスタンプ用として自動車業界にも採用が広がっている。

その他の応用技術として、ガスタービン向けなどの鋳造加工製品や橋梁《きょうりょう》用防護柵などの都市景観製品も同社を支える重要な柱だ。

記者の目

本業回帰で業績改善

派手さはないが、設計から製造まで現場のモノづくり力には定評がある。2015 年に福田社長が就任し、本業への回帰を進め、業績は改善している。17 年 3 月期の連結業績は売上高が中期経営計画の目標を上回る見通し。「来期以降のために人と設備に投資する」（福田社長）と今後は成長に向けた戦略に軸足を移していく構えだ。

会社概要

本社住所：福岡県福岡市東区箱崎ふ頭 3-1-35
電　　話：092-651-2931
創業年月：1883 年 10 月
業　　種：金属製品業
売 上 高：109 億円（2016 年 3 月期連結）
事 業 所：工場／宇美、古賀、札幌　支社／東京　営業所／大阪、名古屋など 10 カ所

URL：http://www.showa.co.jp/

創立100年に向けて全部門が成長戦略

㈱正興電機製作所

2021年の創立100年に向けて新たな事業ポートフォリオの構築を進めている。正興グループビジョン100で掲げる21年度の連結売上高は300億円。16年度の売り上げ見込みに比べ1・5倍増やすものだ。電力、環境、情報などの全部門がそれぞれ成長戦略を打ち出し、新事業の強化に注力する。

同社は1921年、電気機械器具類の販売で創業、その後、配電盤などの生産を手がけてきた。現在も連結売上高の約6割が高・低圧配電設備や浄水処理場の監視制御シス

社是・理念

社是
「最良の製品・サービスを以て社会に貢献す」

ビジョン
「事業ビジョン」情報と制御の独創技術
「経営ビジョン」CS経営
「企業文化ビジョン」人材育成

代表取締役社長
福重 康行 氏

テムなどが占める。

２０１６年度は新事業の売り上げが伸びた。開発に着手して20年になる機能性液晶フィルムがアミューズメント関連機器に大量採用された。電源のオン・オフで可視化、不可視化を瞬時に切り替え可能なのが大きな特長で、九州大学のシーズを用いて、福岡県工業技術センターなど産学官で共同開発してきた。

正興グループビジョン１００に向けて各部門でこうした新しい仕事の種作りが進む。16年12月、山口大学や日本下水道事業団と共同で、下水処理水と海水の塩分濃度差を利用した水素製造システムの実用化に関する調査事業を始めると発表した。海水から食塩の製造などに利用されている技術を水素に応用するもので、30年度までの実用化を目指す。

電源のオン・オフでフィルムが可視化、不可視化する機能性液晶フィルム

古賀事業所でエネルギー利用効率化を検証中

■健康経営宣言

同社の主力生産拠点である古賀事業所（福岡県古賀市）ではエネルギー利用効率化に関する検証を行っている。約120カ所に電力センサーを設置し使用電力量を見える化したほか、太陽光発電と蓄電池システムを組み合わせ、事業継続計画（BCP）対応力強化などを検証する。

さらに情報部門では健康管理システムやeラーニングサービスなどの新事業を展開中だ。健康管理システムは16年7月に会社として健康経営宣言を行い、全社的取り組みの一環に組み込んだ。17年には全社員にウェアラブル端末を配布、管理システムの質を高め、商品力の強化にもつなげる構えだ。

記者の目

世界の持続的発展に寄与

環境や高齢化など社会問題を解決し、持続可能な社会モデルとなる「プラチナ社会」づくりを長期ビジョンに掲げる。日本、ひいては全世界の持続的発展に寄与。社会的利益の後に自社の利益がついてくるという考えだ。短期的成果を求める風潮が強くなった昨今、日本企業本来の良さを見つめ直す機会にもなってほしい。

会社概要

本社所在地：福岡県福岡市博多区東光 2-7-25
電　　話：092-473-8831
創 業 年 月：1921 年 5 月
業　　種：電気機械器具製造業
売 上 高：205 億円（2016 年 12 月期連結見込み）
事 業 所：本社、古賀事業所、東京支社　中国北京事務所、シンガポール駐在事務所　営業所／名古屋、大阪など 16 カ所

URL：http://www.seiko-denki.co.jp

多彩な技術で明日を拓くメカトロニクスメーカ

西部電機㈱

「超精密とメカトロメーションの追求」―。同社の製品政策の基本がこの言葉に凝縮されている。この製品政策に基づき搬送機械事業、産業機械事業、精密機械事業の3部門が顧客の生産性向上や合理化につながる装置や機器を開発、生産してきた。

工場の全面刷新により生産現場の力は高まった。今後はさらなる成長の実現に向けて、海外市場の強化や新分野を開拓する。

本社では2007年完成の本社棟と産業機械工場を皮切

社是・理念

「ゆるぎなき信頼が明日を拓く」
当社の製品は幅広い分野で生産性の向上、物流の合理化などに寄与、国内外のお客様からご愛顧をいただいています。これからも技術と品質でお客様からの信頼を大切にしてまいります。

代表取締役社長
宮地 敬四郎 氏

りに加工センタ工場、搬送機械工場、精密機械工場、最後に多目的工場が15年に稼働し、全工場・棟の建て替えが完了した。新工場は空調設備を備え、ミクロン単位で精度をコントロールする。顧客から「高い精度が出るのもうなずける」と高い評価を受ける。

工場の全面刷新で現場の力は高まった。次に取り組むのは成長に向けた施策だ。現在進行中の中期経営計画では売上高200億円の達成を掲げている。

この目標は17年3月期に「達成できる見通しがついた」（宮地社長）。次の段階は常に200億円を上回る事業の構築だ。

搬送機械、産業機械、精密機械の全3事業が顧客の開拓や新製品の開発など売り上げ拡大に向けた検討を進めている。カギの一つと見ているのが海外市場の深耕だ。

約10年かけて全工場・棟を建て替えた

ロボットと搬送装置を組み合せた提案を強化する

■海外開拓に向けサービス強化

16年3月期の海外売上比率は約2割。このうち9割が放電加工機などの精密機械事業部が占める。まだ海外展開が不足している状況だ。

海外市場攻略に向けた第一歩として、全事業でメンテナンスなどサービス部門を強化していく考えだ。

もうひとつは蓄積した技術力を生かした新分野の開拓だ。搬送機械事業では「ロボティクスマテハン」をキーワードに産業用ロボットと搬送装置を組み合わせたシステムの提案を強化する。精密機械事業では超高精度のワイヤ放電加工機の開発を進めている。

記者の目

短期と長期の戦略立て実行

宮地社長は精密機械部門が長く、赤字続きだった同事業を立て直し、黒字転換した経験がある。「現状を分析し、短期と長期の戦略を立てて、実行することが大切」（宮地社長）と指摘する。売上高200億円を目指す事業構築でも精密機械事業での体験は十分に活かせると見ている。今後の取り組みに大いに注目したい。

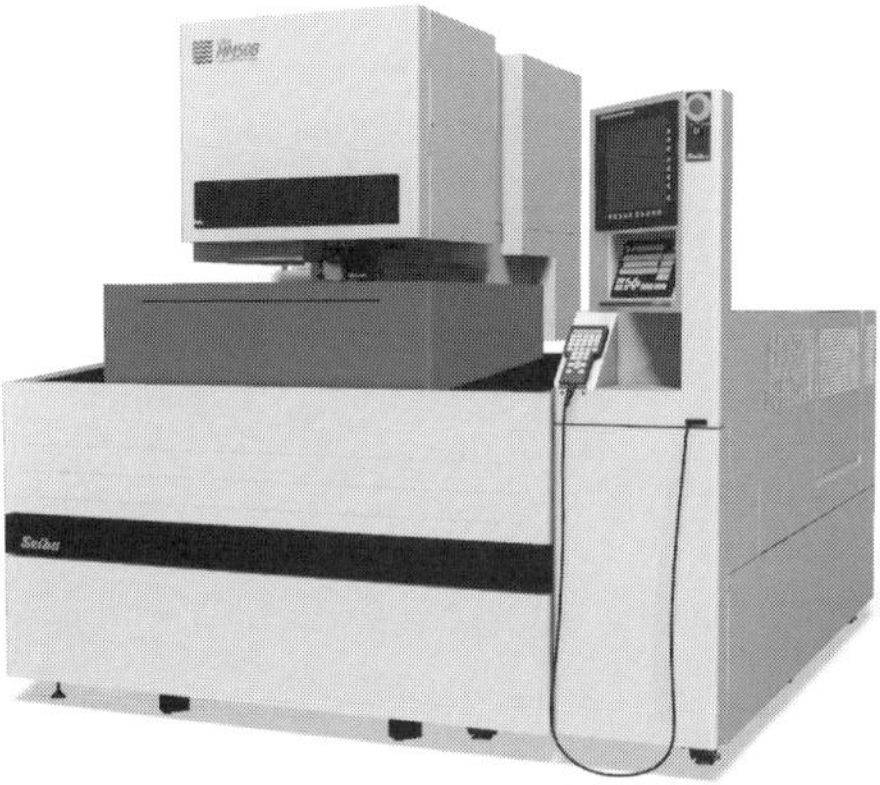

会社概要

本社住所：福岡県古賀市駅東3-3-1
電　　話：092-941-1500
設立年月日：1939年2月
業　　種：一般機械製造
売 上 高：185億円（2016年3月期連結）
事 業 所：本社　支店/東京、大阪
営業所/名古屋、九州、広島　出張所/札幌

URL：http://www.seibudenki.co.jp

航空機分野への参入で九州を代表するメーカーに

㈱DAIKO TOOL

モノづくりの街・北九州市の中でも近年特に注目を集めているのが、特殊切削工具メーカーのDAIKO TOOLだ。切削工具の研磨や再生で1993年に創業したが、2011年にチタンなど難削材向け切削工具「ビートル」を開発、メーカーへと脱皮した。

また九州では珍しいドイツ・ワルター製研削盤を10台以上導入するなどの積極投資が奏功し、17年2月期売上高見込みは8億円と、11年2月期と比べて4倍増に飛躍している。成功の要因は独自製品の開発と新分野への参入だ。

社是・理念

「Pride in heartful tool～次世代工具に挑戦」を新たな経営理念に掲げる。既存工具の再生と同時に、自社製品を完成させた自社技術に高いプライドを持つ。同時に顧客の悩みを共同で解決しようという姿勢が、業容を拡大させている。

代表取締役
木場 信行氏

■九州から信州へ

ビートル発売以前から技術力に定評はあったが、自社製品を持たないため値引き競争が避けられなかった。

難削材は荒削りと仕上げの2種類の刃を使うのが一般的だが、ビートルは1本で双方に対応する。工具寿命も従来製品の2～5倍と長い。過酷な条件になるほど威力を発揮し、ビビり（微振動）にくい刃形状で高能率加工を実現し加工時間を短縮する。木場社長は「顧客に工具の長寿命や加工法を提案するソリューション営業が成功している」と胸を張る。

当初は半導体精密部品や自動車部品向けが主体だったが、最近は航空機部品向けに需要が増えている。強くて速いビートルが新市場に受け入れられた。

14年3月の就任以来、積極投資や従業員の意識啓発など

切削工具「ビートル」の開発が同社を飛躍させた

本社工場内には国内外の工作機械がズラリと並ぶ

さまざまな取り組みで成功している。木場社長は、さらなる業容拡大を目指して長野県飯田市に進出した。現地貸工場を賃借し「長野飯田工場」の名称で17年2月から航空機部品向け工具生産を始めた。飯田市によると福岡県の企業が同市に進出するのは初めてだという。新工場稼働で20年2月期全社売上高は15億円とさらなる増収を見込んでいる。

北九州と長野両工場を合わせた投資額は9億円。海外製研削盤も16台を導入した（うち長野は5台）。木場社長は「過去数年で積極的に設備投資を行った。顧客が多い中部や首都圏へのアクセスが楽な長野飯田工場開設を機に、さらに航空機分野に力を入れる」と、新事業をコアに技術をより磨き上げる覚悟だ。

記者の目

社名変更で飛躍

2016年に社名を旧大光研磨から変更した。英字への変更は、世界へと飛躍する思いを込めている。今最も注目されている航空機産業へ挑戦し、九州を飛び出して長野県へ拠点を開設したスピード感も、若くエネルギッシュな木場社長の英断だ。北九州だけでなく、九州を代表する中小企業として今後の発展が楽しみだ。

会社概要

所　在　地：福岡県北九州市門司区松原 1-7-7
電　　　話：093-381-8876
設　　　立：1993 年 11 月
業　　　種：切削工具研磨・製造
売　上　高：9 億円（2017 年 2 月期）
事　業　所：北九州市門司区、長野県飯田市

URL：http://www.daikokenma.co.jp/index.html

顧客第一主義で環境分析のリーディングカンパニーへ

㈱太平環境科学センター

顧客第一主義に徹し、なすべきことを常に考え、わかりやすく具体化していくこと――。太平環境科学センターの坂本社長の信条だ。同社は官公庁や民間企業などから業務を受託し、さまざまな分野の環境調査と分析業務を行う環境分析業界のリーディングカンパニーだ。調査の対象は飲料水をはじめ、河川や海水などの環境水の水質や大気測定、土壌汚染状況から産業廃棄物・焼却灰の固質分析、ダイオキシン類、生物分析など多岐にわたる。

同社の強みは、各種環境分析関連装置の自動化を推進し

社是・理念

快適な生活環境の保全に貢献する。
適正な利潤を確保する。
お客様の満足第一主義に徹する。
トップを行く技術の研鑽《けんさん》に努める。
技術と信頼で世界を目指す。

代表取締役
坂本 雅俊 氏

ている点だ。仕事の絶対量が増加し、人の技術に頼ることが多い労働集約型の同業界にあって、坂本社長は、ロボットメーカーとの連携で環境分析に自動化をいち早く導入。差別化と分析品質の向上を実現している。自動化の導入は、労働時間の短縮などの職場環境の改善にもつながり社員のモチベーションを向上させた。

■ロボットメーカーと共同開発で自動化を推進

テラシステム（熊本県大津町）との共同開発で、さまざまな環境分析ロボットを具現化している。２０１１年には国内初の『自動分注機』を開発。分析サンプルをポリ容器から試験管などに自動で取り分けることができる。12年には、細菌などの培養から分析までを完全自動化した『一般細菌・大腸菌分析培養ロボット』、14年には『自動ＢＯＤ（生物化学的酸素要求量）検査装置』を開発。16年には分析業

福岡空港近くにある本社ビル

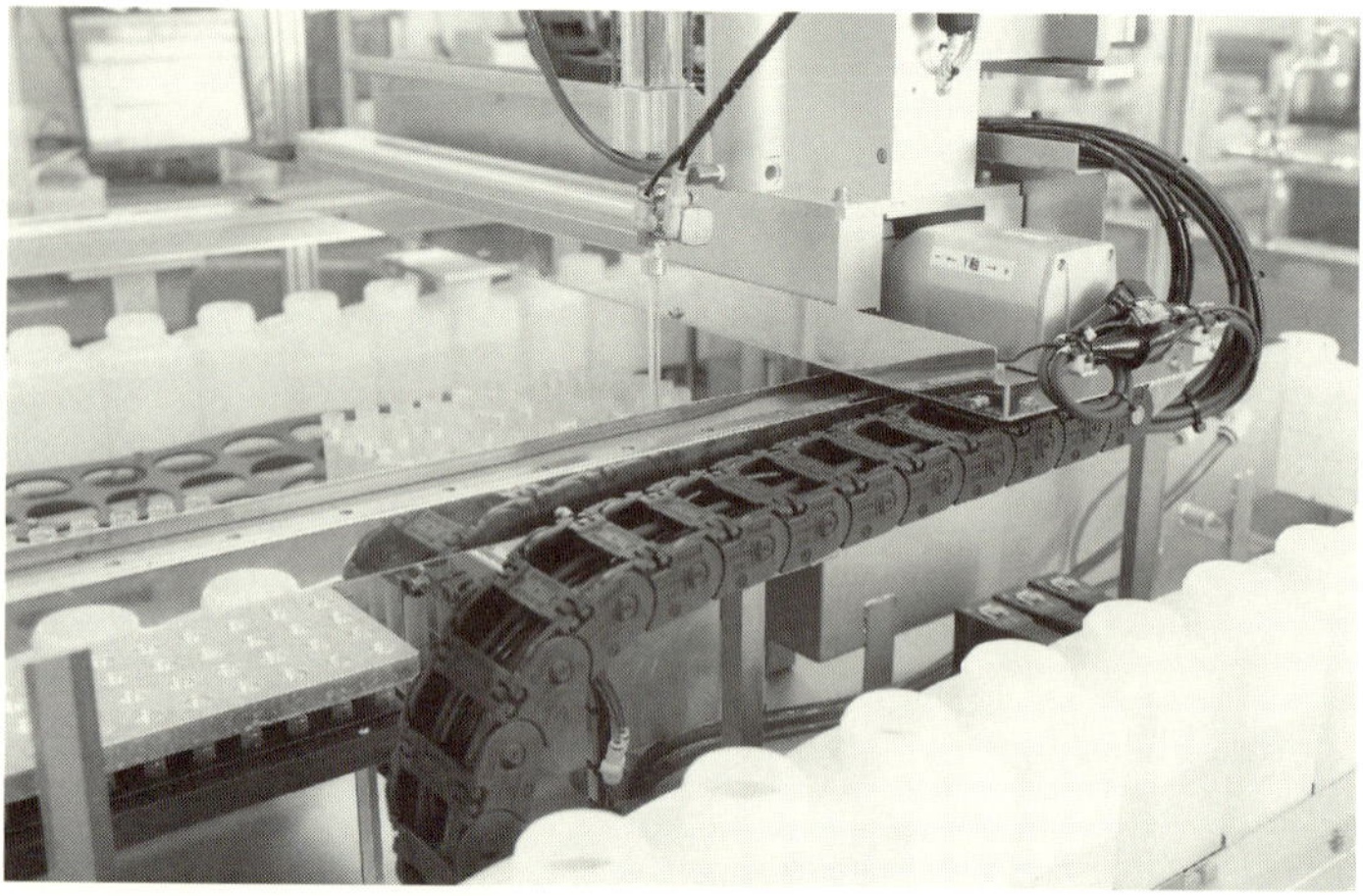
将来の完全無人化ラボの核となる自動分注機

界初となる『実験器具等自動洗浄装置』も開発した。

こうした環境分析ロボットは自社の分析に用いるほか、一部受注生産にも対応している。坂本社長は「顧客に使い勝手が良い、信頼される会社を目指している。そのためには〝分析の早さと正確さ〟が必要だ」と強調する。

現在、複数の産学連携により新技術の研究開発も推進している。これは将来を見据えた多角的なビジネス戦略の一環だ。一方、人工知能（AI）の導入にも着手している。蓄積したデータを解析し、分析ロボットとの連携により、これまで以上に、早く正確な分析が可能となる。近い将来は完全無人ラボラトリーの実現を目指している。

記者の目

完全無人ラボラトリーの実現で人としての幸福追求へ

坂本社長は常々「人こそが経営資源」と主張し、そのための自動化導入だと強調する。作業はロボットに任せ、人は知恵を絞り、生産性を上げる。頭脳は自らと社と顧客と世の中のために用いるべきだという。こうした考えが経営理念にあれば、社員はやりがいを感じ、幸福を追求する努力を惜しまないはずだ。完全無人ラボの実現が楽しみだ。

会社概要

本社所在地：福岡県福岡市博多区金の隈 2-2-31
電 話 番 号：092-504-1220
設 立 年 月：1973 年 7 月
業　　　種：水質、大気、土壌等の環境分析、ダイオキシン類測定、環境調査
売 上 高：5 億 7000 万円（2016 年 6 月期）
事 業 所：長崎試験所、熊本営業所、佐賀営業所、大分営業所

URL：http://www.taihei-esc.com

快適さ、さわやかさを突きつめるモノづくり

ダイワ化成㈱

ダイワ化成はシステムバスや簡易水洗トイレなど住宅設備機器を開発、製造している。「どこでもできる物は作らない」というスタンスを貫き、オーダーメードによるモノづくりで製品の幅を広げてきた。時代の変化とともに顧客のニーズが多様化する中、住宅環境の爽やかさ、快適さを独自路線で追い求めている。

■顧客起点のモノづくり精神

創業は1969年。当時の住宅環境で「見過ごされてき

社是・理念

企業使命として「3S（スピード・スリム・ストロング)」を掲げる。効率化を意識し、ムダのない組織体で企業として力をつけることを目指している。

そのために小さなことでも改善事項があれば社員が積極的に提案し、社内で共有する体制を作るなど「ちょっとした改善」の積み重ねで将来に向けた会社の土台を築いている。

代表取締役社長
桑野 嘉一郎 氏

た場所」（桑野社長）であったトイレ。まだ下水道の普及もそれほど進んでいない状況に目を付け、１９７４年に日本初という陶器製簡易水洗便器を開発した。大手メーカーが参入していないニッチなモノづくりの歴史はこの頃に始まる。その後、簡易水洗便器は改良を続け、現在まで続く主力製品となっている。

ダイワ化成の製品開発の強みは顧客の声を起点としていることにある。例えば主力製品の一つであるシステムバスの開発は水回り環境の改善を求める顧客の声がきっかけだった。「数よりも中身を大事にする」（同）という観点から、規格品の量産ではなくオーダーメードによる生産に特化した体制を構築している。

多様な要求に応えるためには、設計開発部門の素早い動きと営業現場のきめ細かさが肝となる。近年、風呂やトイレをリラックスする場所と捉え、付加価値を求める注文が

本社外観

オーダーメードに特化し快適さ爽やかさを追求

増えている。そのため提案には製品や設計の知識だけでなくデザインや機能など空間全体で考える視点が欠かせない。顧客が求める水準を少しでも上回るため、日ごろから設計、営業が連携することがダイワ化成にとって生命線となる。

また高齢化も製品開発において欠かせない重要なポイントとなっている。近年は介護に特化したシステムバスを手がけ、病院や介護施設などへ供給を増やしている。不自由ない入浴を実現するには、利用者の特性の把握もより必要となる。これまで培ってきたオーダーメードの設計開発体制を最大限に生かすことで、さらなる快適さを追求し、唯一無二のモノづくりのクオリティーを高めていく。

記者の目

バランス意識のモノづくり

ダイワ化成の約50年の歩みの中で日本の住環境は大きく変化してきた。求められる水準も時代によって異なる。その変化に対応できるのは、他社と争うことでなく、品質・機能、デザインのバランスを意識し、顧客と向き合ってきた結果かもしれない。今後の成長にはさらなる住環境の変化に対するバランスを意識した動きが不可欠だ。

会社概要

本社住所：福岡県福岡市中央区白金1-13-1
電　　話：092-521-1800
設立年月：1969年12月
業　　種：住宅設備機器などの開発、製造、販売
売 上 高：19億4000万円（2016年8月期）
拠　　点：太宰府工場、東京営業所、大阪営業所、佐世保営業所

URL：http://www.daiwakasei.co.jp/

エンジン、建機・クレーン、産業機械、開発事業の4本柱でモノづくりを支える

㈱筑豊製作所

筑豊製作所は戦後間もない1946年、麻生社長の父である麻生典太氏らが中心となり、ディーゼルエンジンの整備会社を立ち上げた。ディーゼルエンジンの整備事業は今も同社の最大の強みであり主力事業だ。現在はこのエンジン事業のほか建機・クレーン、産業機械、自社開発製品の4部門を持ち、機器の販売からアフターサービスまで手掛ける。

このような業態の企業は独立系が少なく同社は大手の一角だ。単に整備といっても技術の奥行きは深く、エンジン

社是・理念

1978年に創業者の麻生典太氏が制定した「人知無限」。創業当初は満足な検査装置類もなく、手探り状態だった。よって「みんなで知恵を出し合って問題を解決していこう」という思いがあった。創業者は「顧客には決してNOと言うな」が口癖だったという。その思いが今も受け継がれている。

代表取締役社長
麻生 誠 氏

の知識だけではなく、発電機や制御回路など電気系のノウハウも必要になる。

また約20年前、当時九州の整備業界としては実績がなかったＩＳＯの品質に取り組み、まもなく認証を取得した。続いて環境の認証を取得するなど技術力に安心・安全な職場活動を展開している。

■信用を第一に

飛躍のきっかけになったのは、公共機関の発電機整備を手掛けたことだ。同社はエンジンだけでなく発電機のノウハウもあり、これが高く評価された。この結果「収益よりも信用につながった」（麻生社長）という。国内のみならず海外メーカーのエンジンを搭載した機械整備を行うことで、現在では取引先は５０００社まで拡大した。

エンジンのほかにも、建設機械、荷役車両、圧縮機械、

工場でのエンジンメンテナンス風景

本社工場（航空写真）

工作機械、各種自動化機械など取扱品目は千差万別なので、多種多様な機械類に対応できる人材を育成してきたことも、同社の強みである。

顧客の要求に応えていくうちに、特殊な機械、装置を製作できるようになった。それが開発事業である。「当初は顧客の悩みに対応していたが、それがどんどん拡大していった」（麻生社長）という。

国内市場は成熟しているが、主力のエンジンや建機事業は「まだ拡大の余地がある」（同）と見ている。また中期的に新規事業を育成しようとしており、次の成長エンジンを模索している。

記者の目

地道に日本のモノづくり支える

決して目立つ存在ではないが、日本のモノづくりを支える「縁の下の力持ち」的な存在。人材育成の取り組みとして、高校生向けの特別教育講習を20年以上前から手掛けている。同社の社員が講師となりフォークリフトや小型建機の資格取得講習を行っている。こうした地道な活動がモノづくり人材の育成につながる。

会社概要

本社所在地：福岡県糟屋郡新宮町的野741-1
電話番号：092-963-3181
設立年月：1946年6月
業　　種：ディーゼルエンジン、建設機械、産業機械の製作・整備
売上高：約73億円（2016年4月期）
事業所：本社、北九州市、唐津市、熊本市、武雄市、大分市、札幌市

URL：http://www.chiku.co.jp

モノづくりの現場を熟知し、徹底的にサポート

㈱テクノスマイル

テクノスマイルはモノづくりの現場を「ヒト」を通じて支える。製造派遣、製造請負、エンジニア派遣、人材育成の四つの事業を柱に人材総合サービス企業として製造現場の活性化に力を注ぐ。人口減少や高齢化など国内製造業の人材確保や技術継承が難しくなる中、新たな視点からモノづくりの未来をつくり出すためグローバルに展開する。

■モノづくりに心をこめる

設立は2000年。「人材総合サービス業」を掲げる理

社是・理念

社是は「心をこめ良い人材で良いものづくり」。現場と人の橋渡し役として求められるのはいかにうまくマッチさせせるか。そのためにも技術教育のほかビジネスマナーなど社会人としての基礎教育に時間をかける。職場環境の充実のためにも「心をこめ」という気持ちの在り方が、社名にある「笑顔」を生み出す力を持つ。

代表取締役社長
馬見塚 譲氏

由はモノづくりにおける複合的な役割を担うためだ。現在の事業の柱は製造・派遣、生産請負、エンジニア派遣、人材育成の四つ。短期的な費用効果をもたらすのではなく、製造現場そのものの構造的な改善を目的にサービスを提供している。

現場での定着や安定生産には「心のこもった仕事が必要」（馬見塚社長）という。競合他社のような大量採用・派遣という形ではなく、一定の水準まで育て上げた「高度な人材」を送り込むことで差別化を図る。その狙いは単純労働に従事する派遣労働者の高い離職率など製造現場を変えていくことにある。

「高度な人材」を確保する視線はアジアにも注ぐ。日本の労働人口の減少が避けられない状況にあって製造業の人材確保は容易でなくなっている。ただ、成長著しいアジアには優秀な人材が数多く埋もれ、日本への関心は高い。

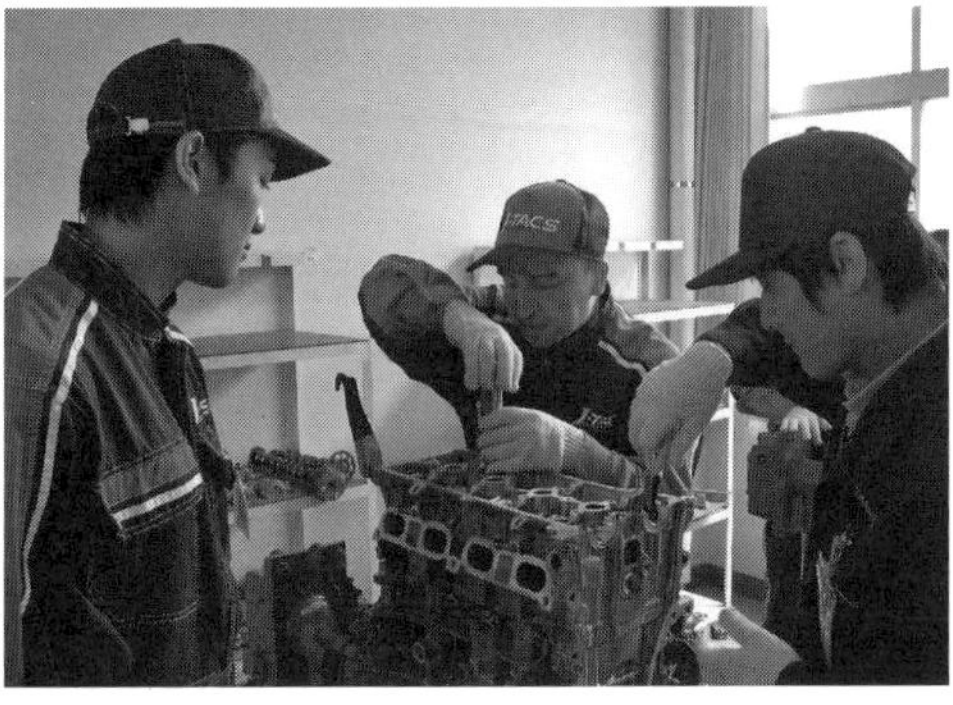

「高度な人材」を
自社研修所で育成

来日前には日本語教育に力を入れる

そんな中、05年に拠点を中国・天津に開設。現地の理工系大学と提携し、優秀な学生を発掘し、技術的な能力などを見極めて選抜。その後「日本語を話せるエンジニア」に育てることを目的に、来日前に1~2年かけて日常会話を問題なく話せるレベルまで教育する。意思疎通を円滑に行うことはビジネスには欠かせないからだ。また企業、学生双方と面談を重ねるなどしてミスマッチを防ぎ、満足度を高めることにも力を入れる。

海外での人材確保はASEAN諸国にも広がりをみせ、16年にはタイの理工系新卒者が初めて国内の製造現場に配属された。今後、国内外の人材を多様に提供することによってモノづくりの新たな価値観を生み出していく。

記者の目

モノづくりの架け橋に

テクノスマイルの研修には多くの笑顔が見られる。慣れない環境での生活はただでさえ緊張しがち。それでも生き生きとした表情を感じられるのは、エンジニア候補生の固い決意とパワーによるのかもしれない。そんな姿をみると、日本とアジアのパワーの融合は今後、モノづくりの新たな道を切り開く可能性を秘めているように感じる。

会社概要

本社住所：福岡県宮若市竹原 236
電　　話：0949-52-3232
設立年月：2000 年 9 月
業　　種：製造業向け生産請負、エンジニア派遣、人材育成事業など
売 上 高：72 億円（2016 年 3 月期）
拠　　点：（国内）福岡、愛知など全国 11 カ所
（海外）中国、タイ、ミャンマー、ベトナム

URL：http://www.technosmile.co.jp/

金属に意匠と機能を与えて50年「金属化粧師」集団

東洋ステンレス研磨工業㈱

東洋ステンレス研磨工業は、研磨加工とコーティング技術で金属に意匠や機能を施す。「金属化粧師」や「日本の意匠金属〝ｍａｋｏ〟」のブランドで展開。ステンレスに限らずアルミやチタンの加工も得意とする。平面は薄膜から厚板に対応、パイプや完成品の加工も受ける。職人が一つ一つ手仕上げするバフ研磨をはじめ鏡面加工、ショットブラストなど多様な技術を持つ。複数の技術を組み合わせた複合研磨技術も豊富。機械化も進めており、３次元造形研磨機などは独自のノウハウを反映させたオリジナル仕様

社是・理念

経営理念は存在感のある会社。お客様に満足される新しい機能を想像し存在価値ある会社として認められる。社員の個性を尊重し、社会や自然との調和に努めます。企業精神は「金属化粧師」。研磨やコーティングの技術と芸術家の感性を持つ。研磨技術を深く研究し、ステンレス素材の可能性を無限大に広げることが使命であり、存在価値である。

代表取締役社長
門谷　豊氏

だ。

■心を動かし、モノづくりを支える

同社が金属に与える意匠や機能は多様で、人の心を動かしたり最先端のモノ作りに欠かせなかったりする。高級ブランド店や飲食店のカウンターなどでは豪華さや落ち着いた印象などさまざまな雰囲気を出す。建築家や芸術家の想像力を刺激し、建物の外壁で感動を与えることもある。神社仏閣では文化財を守る役目を果たす。半導体や液晶、有機エレクトロ・ルミネッセンス（ＥＬ）などの製造装置の部品では耐摩耗性などを見えない場所で発揮する。

多様な加工法の源泉は研究開発志向にある。毎日、何らかの試作を行っており、財産となる試験データを蓄積している。データ重視で耐摩耗性などは専用の機械で評価。外観がメーンの加工でも見た目だけでなく加工条件の客観的

朝日と夕日で表情を変えるコンサートホール

IP ゴールドチタンは文化財を守る役目も果たす

データを重視する。

米国など海外での実績も抱負だ。90年代後半には、当時はどこも大量に作ることができなかった屋根材2万㎡を不良なく納品して「ミラクル」と称された。また、コンサートホールの外壁では「朝日と夕日で表情を変える」という難しい注文に、さまざまな研磨を複合し、何度も試作品を米国に送るなどの苦労の末に応えた。

受賞も多く、ものづくり日本大賞では「超繊細意匠研磨技術と先進の真空技術による軽量で高耐食なＩＰゴールドチタンの開発」が優秀賞。福岡デザインアワードには入賞複数。元気なモノ作り中小企業３００社、12年度の大谷美術館賞にも選ばれている。

記者の目

金属の活躍の場を広げる

モノの付加価値を高める要素の一つであるデザインは、従来は金属を使わなかった場所で使えるようにする力がある。同社はステンレスの鏡を製品化し、デザイン性の高さだけでなく、割れないという安全性も評価されている。木や石などを使うようなところにも意匠を施した金属が使える。研磨が生み出す需要は大きい。

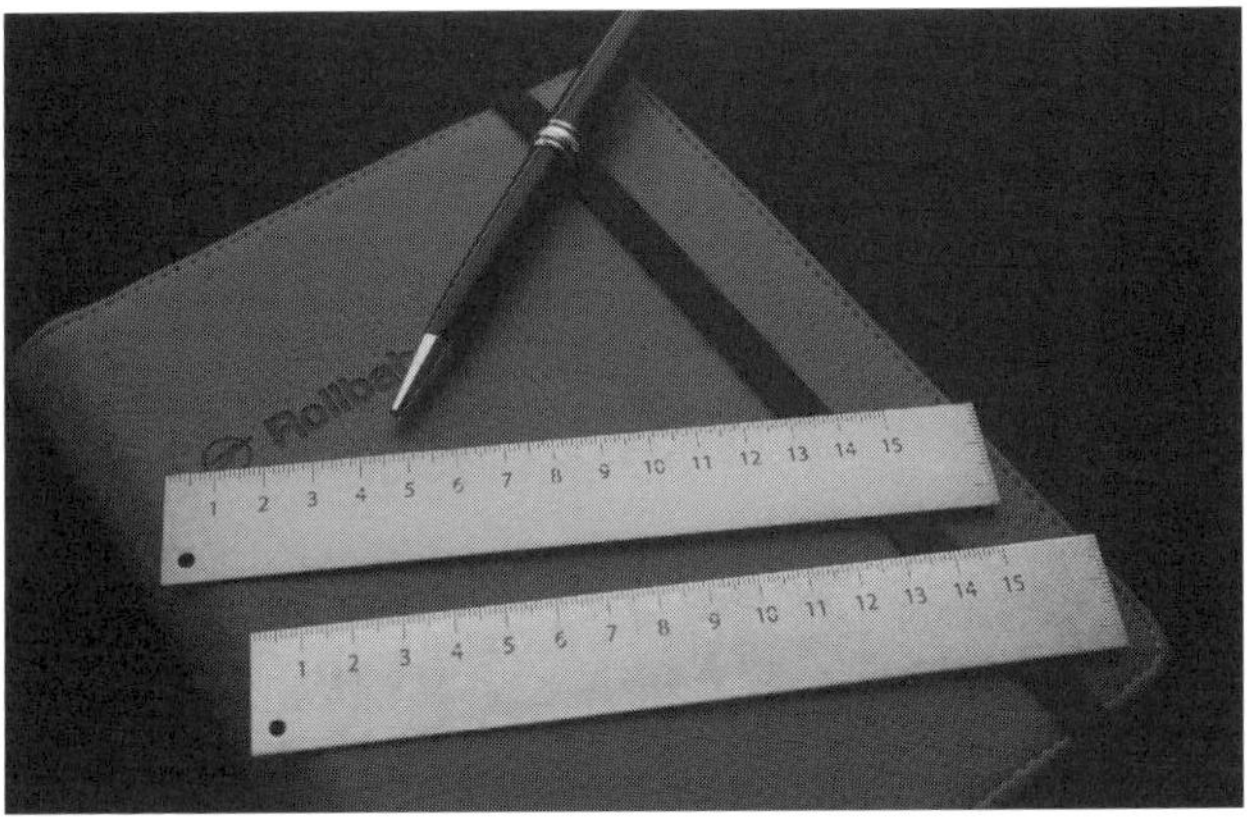

会社概要

住　　所：福岡県太宰府市水城 6-31-1
電話番号：092-928-3733
設立年月：1968 年 1 月
業　　種：金属研磨
売 上 高：4 億 4000 万円（2016 年 5 月期）

URL：http://www.toyo-kenma.co.jp

顧客価値を創造し続け、未来を開くFAプランナー

㈱ドーワテクノス

モノづくりのまち、北九州に本社を構え、産業用の設備や機器を取り扱う「現場密着型」商社として、製造現場の課題解決に取り組んできた。1948年の設立以降、大阪、東京と顧客のお膝元に拠点を置き、北は宮城から南は熊本まで全国19カ所にネットワークを張り巡らせる。

その中、会社が一定の規模となり、顧客の課題も多様化していることから、同社は今後、各部門・拠点に権限を委譲し、顧客への対応をよりスピーディーにする方針だ。そこで2016年から各部門が主体性をもって自立運営し、

社是・理念

経営理念
わが社は常に正しい企業経営をすることにより、顧客と社会に貢献し、適正な利潤を得て、社員の生活を豊かにしつつ永遠の発展を図る。

社是
誠意と熱意と奉仕の精神と

代表取締役
小野 裕和 氏

顧客の業界ごとに有益な情報を共有、顧客価値を創造し続ける連邦経営を立ち上げている。

連邦経営の成功には、次期幹部の育成が鍵となると考え、幹部人材を育成するプロジェクト「経営革新塾」をスタートし、若手・中堅管理職の社員を選抜した。1泊2日の研修では小野社長も参加し、深夜まで熱い議論を繰り広げている。次期中期経営計画も同塾参加者を中心に策定する予定で、「全員参加型の経営体制を目指す」(小野社長)。

さらにロボットなどの成長分野を強化する体制も整える。産業用ロボット分野では15年に同分野のシステムハウスをグループ会社化した。さらに本社および東京支店内にロボットシステム専任チームを設置し、顧客の要望に対し、スピーディーで的確な提案ができる体制を整えている。

従来、産業用ロボットの導入先は自動車産業が大半。だが近年は「他の産業でも導入検討が増えてきた」(同)と

産業用ロボットは食品業界などから引き合いが増えている
(写真提供:安川電機)

モータを診断できる技術者を育成する

今後の成長に期待を寄せる。さらにアグリ分野へも本格参入した。台湾メーカー製の光合成促進用ネットを発売、高品質な野菜やフルーツなどを栽培する農家へ導入を働きかける。

■モータ診断の技術者育成

同社は修理業が祖業であり、その経験を活かし、顧客の設備や機械装置のモータを診断できる技術者を育成する。輸入販売する米国製モータ診断器の操作技術の習得を推進。ドーワテクノス＝モータのプロというブランド力を確立し、新規顧客の開拓にもつなげたい考えだ。

記者の目

課題を見極める目と提案力が重要に

製造業を取り巻く環境はグローバル化、少子高齢化など大きな変革期にある。変化の時こそ、顧客の製造現場で何が課題かを見極める目、課題を解決する提案力が重要になる。会社設立から来年で70年。会社運営をトップダウンから各部門の自立運営へ移行する試みは、会社全体を底上げする契機ともいえる。

会社概要

本社住所：福岡県北九州市八幡西区黒崎城石 3-5
電　　話：093-621-4131
設立年月：1948 年 10 月
業　　種：産業用電気品・機械装置の販売
売 上 高：147 億円（2016 年 12 月期）
事 業 所：本社　支店/東京、千葉、大阪、九州　営業所/東北、新潟、鹿島、西関東、君津、名古屋、和歌山、岡山、四国、広島、熊本、八代、白河、山口

URL：http://www.dhowa-technos.co.jp/

創立100周年に向け、全社一丸となり挑戦

日本タングステン㈱

粉末冶金をコア技術として、タングステンやファインセラミックスを用いた電極や超硬製品、セラミックス製品などを生産してきた。創立以来、材料開発を重視、世界シェア75％のハードディスク（ＨＤ）ドライブ用磁気ヘッド基板など高シェア製品を有する。２０３１年の創立１００年に向け、さらなる成長を目指した体制づくりを進めていく。

ＨＤドライブ用磁気ヘッド基板のほか、紙おむつなどのサニタリー製品製造用カッター、創業事業の照明用タングステンワイヤは世界で高いシェアを持つ製品だ。顧客の業

社是・理念

企業理念　Our Corporate Philosophy
日本タングステンは、世界の人々と従業員の明るい未来を実現するために
―マテリアルからはじまる価値創造に挑戦し続けます。
―常に No. 1 を目指し、かけがえのない存在であり続けます。

代表取締役
社長執行役員
後藤 信志 氏

種はエネルギー、デジタル家電、半導体、自動車、衛生用品など非常に幅広い。近年の業績は堅調で、16年3月期は不採算事業撤退などから減収だったものの経常利益は2・1倍増えた。

一方で長期的な成長戦略の検討を進めている。14年後の創立100年に向けて、30代から40代の若手・中堅社員が中心となり次期中期経営計画を策定中だ。

人財、新商品、ものづくりの3プロジェクトチームが発足。創立100年の年に新たな成長路線が見える会社の姿を描く。

■医療や次世代半導体を成長分野に

成長が見込まれる分野として自動車や医療、次世代半導体などを掲げる。医療分野では約5年前に米国でタングステン製のカテーテル部材の本格的な供給を始めた。

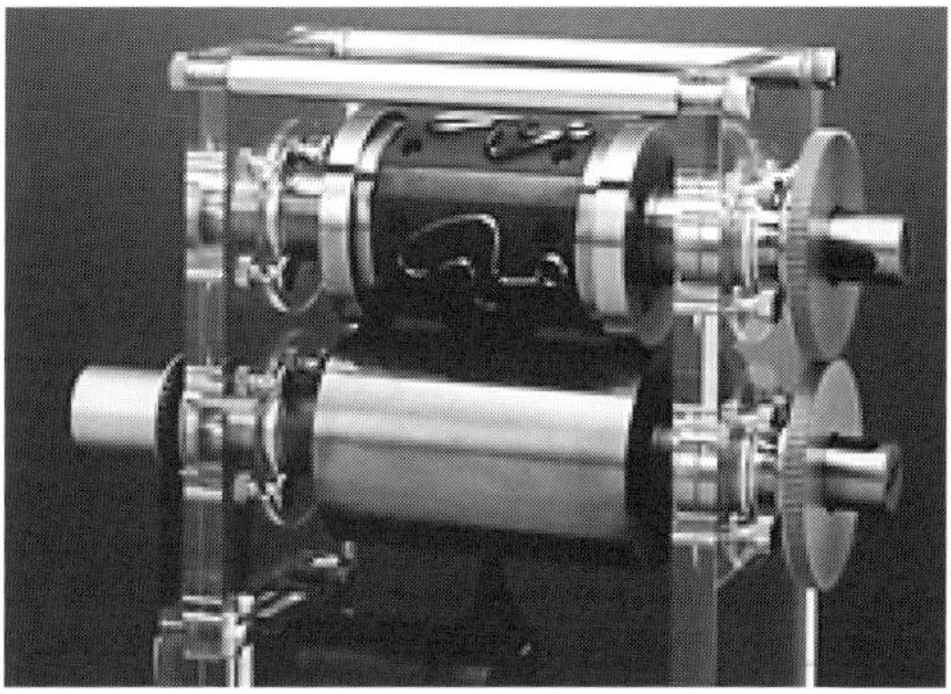

世界で約30%のシェアを持つNTダイカッター

カテーテルの部材にも使われるタングステンリボン

X線撮影時にステンレス製より陰影が見やすく、X線放射量を低減し患者の身体負担軽減につながるという。

次世代半導体分野では産業技術総合研究所と連携する。半導体製造工程のプラズマエッチングで、耐性を従来に比べて最大30倍高めた部材の開発を進めている。セラミックス技術を活用、部材の長寿命化につなげる。

中計は役員を中心に企画部門がとりまとめ役となり策定するのが通常だ。だが、今回はあえて若手・中堅に担わせた。策定過程で社員の成長を促し、創立100周年を機に社員のベクトルを共通化する狙いもある。

新たな成長へ向け全社一丸となる取り組みが進んでいる。

記者の目

成長戦略へカジを切る

社名でもあるタングステンは、溶融温度が3380℃と鉄より2倍以上高いほか、ダイヤモンドに次ぐ硬度などの特徴がある。1931年の創立以来、粉末冶金の技術力を高め、さまざまな製品を送り出してきた。創立100年を機に新機軸を打ち出し、成長路線へカジを切る。老舗粉末冶金メーカーの新たな挑戦が始まろうとしている。写真は主力生産拠点の基山工場。

会社概要

住　　所：福岡県福岡市博多区美野島1-2-8
電話番号：092-415-5500
設立年月：1931年4月
業　　種：電気機械器具製造業
売 上 高：110億円（2016年3月期連結）
事 業 所：本社　支店／東京、名古屋、大阪　工場／基山、飯塚、宇美

URL：http://www.nittan.co.jp

モノづくり企業のコンシェルジュを目指して

㈱ノムラ

工作機械をはじめ、鍛圧機械や板金機械など生産設備の販売から部品加工の受託まで手がける。商圏は北海道から九州まで広くカバーし、近年は海外工場での設備導入支援も始めた。縁を重視し、顧客にとっての最適なソリューションは何かを追求する機械商社だ。

1982年、野村宗健現会長が山崎鉄工所（現・ヤマザキマザック）を退社し、同社の専売店として創業。福岡県内を中心に工作機械を販売し、徐々に商圏を広げて会社の基盤を固めた。

社是・理念

企業活動を通じて誠心誠意社会に貢献し、お客様・社員・社会、即ち全員の繁栄と幸福の理想郷を創ります。
これが為、人格主義的人間関係を尊重し、独創性に溢れた斬新な経営を行います。

代表取締役社長
野村 健志 氏

取り扱う商材を拡充し、89年にラサ工業とクーラント液の総代理店契約を結び消耗品の取り扱いを始めたことで顧客数が増え、現在は1000社を超える。

2011年に野村健志氏が社長のバトンを受け、会社は新たなステージに移行した。既存顧客と関係を深めると同時に新たな顧客開拓や新しい商材の発掘が新社長としての役割だ。その上で「規模を追わず、適正規模での会社運営」(野村社長)を基本方針とする。

現在、取り扱う商材には建設機械や厨房《ちゅうぼう》設備、産業用ロボットやオーダーメードの省力化機器などがある。これらは工作機械などを納入した顧客の製品だ。顧客からの信頼の証しともいえる。

設備導入時には顧客の要望をしっかり聞き取り、場合によっては中古や価格が安い単機能の装置を勧める場合もある。こうしたコンシェルジュ的な提案の積み重ねが信頼獲

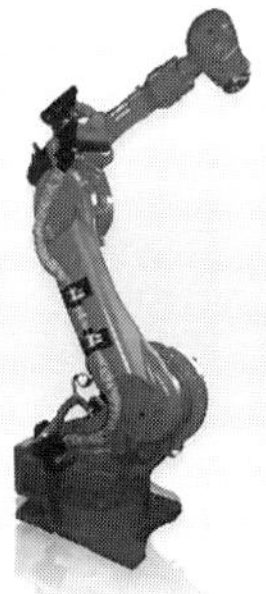

納入先の製品も販売する

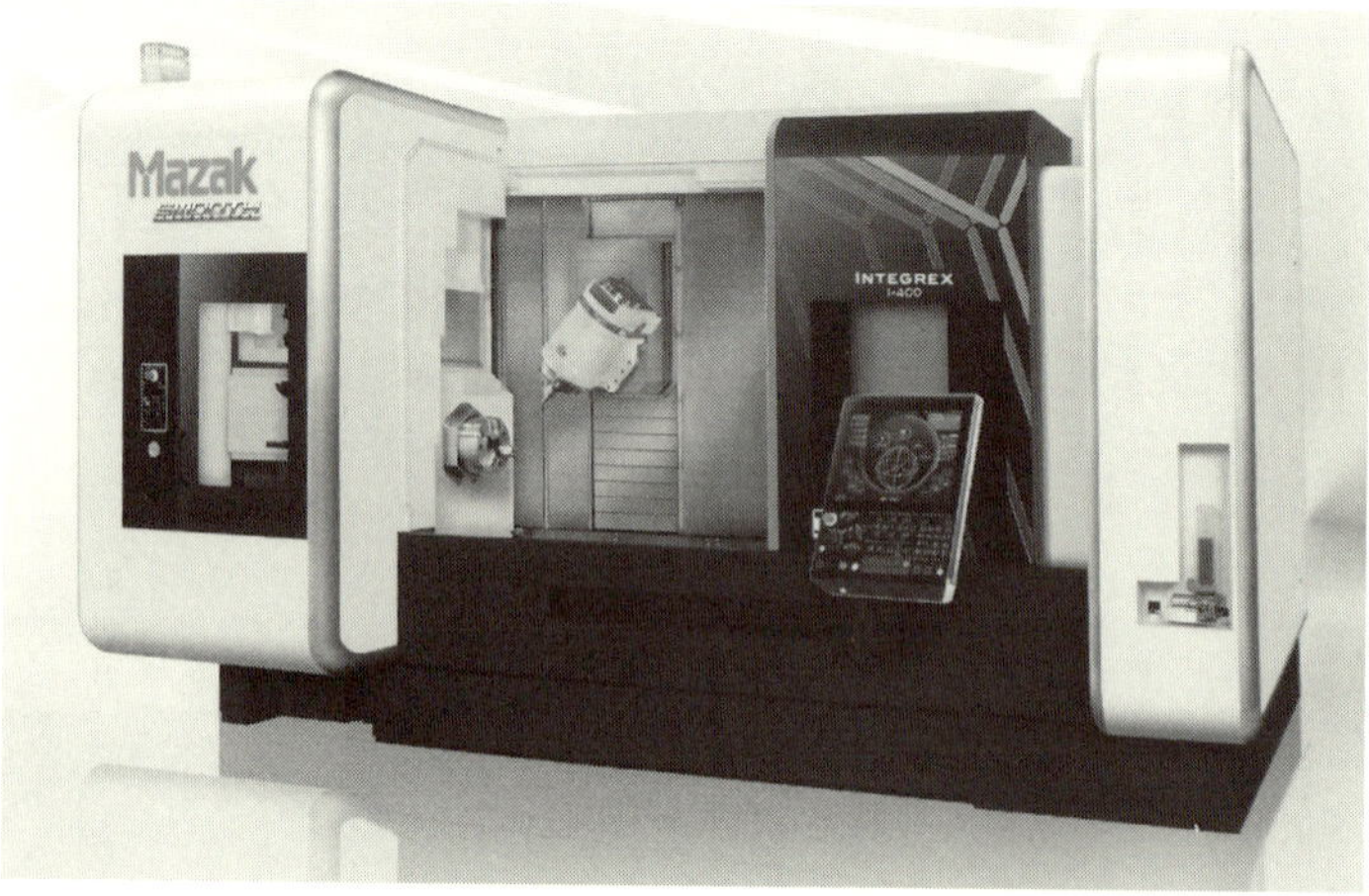

工作機械の販売で会社の基礎を固めた

得につながっている。

■産業ガス販社を新しいチャンネルに

一方で会社の成長を意識した施策にも取り組む。現在、新しい販売チャンネルとして産業用ガスの販売会社に着目。産業用ガスの販売先は工作機械のユーザーも多いため、相乗効果があると見ている。

また、新たな商材として食品工場などの排水を浄化する「アイシーリアクター」の取り扱いを始めた。嫌気性の菌による分解過程で生じるメタンガスは発電などの燃料にもなる。九州は焼酎やしょうゆなどの工場が多数あり、新たなビジネスチャンスと見ている。

記者の目

オーダーメードや海外販売にも力

地場の機械製造業と連携し、オーダーメードの省力化機器を販売するなど野村健志社長のカラーが出始めている。大手輸送会社時代にオランダ駐在の経験があり、国内企業の海外工場への装置販売も支援でき、今後力を入れる方針という。製造業の課題は時代とともに変わるが、顧客にとっての「ソリューション」を提供する姿勢は今後も変わることはないだろう。写真はオーダーメードのパイプ自動切断機。

会社概要

住　　所：福岡県福岡市中央区天神 4-7-18
電話番号：092-752-1213
設立年月：1983 年 11 月
業　　種：機械商社
事 業 所：本社　駐在所／関東、中部、関西、南九州

URL：http://kknomura.com

荒波を乗り越え、世界へ切り込む切断の総合プロデュースメーカー

㈱ファインテック

ファインテックは産業用刃物メーカー。「切断の総合プロデュース企業」をキャッチフレーズに国内外に精密な刃物製品を供給する。時代の波に幾度も翻弄されながらも、根底には創業から変わらないモノづくりへの熱い思いが貫かれている。

■「切断革命」で未知の領域を切り拓く

設立は1985年。本木社長が自宅車庫を改造し、半導体向け金型部品を製作していたが、最初の2年間は赤字続

社是・理念

「誠実、更に誠実」を社是に掲げる。そこには「お客さまが求める真の価値を提供しなければ、お客さまは振り向いてくれない」（本木社長）という顧客への思いがある。開発のためユーザーから提供される情報は、社外へ漏らすことのできないシビアなものばかり。それだけに技術開発や顧客との関係性などあらゆる場で「誠実」であることにこだわり続ける。

代表取締役社長
本木 敏彦 氏

きだった。

　その後、知人の紹介でＩＣ用量産刃物の受注したことが現在の礎となった。以後、加工技術を売りに浮き沈みはありつつも会社の土台を固めた。ただ、２００８年のリーマン・ショックは生産を直撃。会社は存続の危機に瀕した。

　そんな中で、会社の方向性を明確にするため「世界一の刃物メーカー」を旗印に産業用刃物の生産に特化する決断を下す。圧倒的な競争力を身につけることが目的だった。

　刃物メーカーとして勝負するため、技術力の向上はもちろん、その技術を「どう見せるか」に着眼した。そこで自社製刃物を使い、コメや髪の毛をスライスした映像を展示会で流すなどインパクトのあるＰＲ方法で知名度を上げ、飛躍的な発展につなげる足がかりとなった。

　さらなる企業価値向上のため、産学連携による開発にも積極的に取り組む。その一つに九州大学と連携した医療機

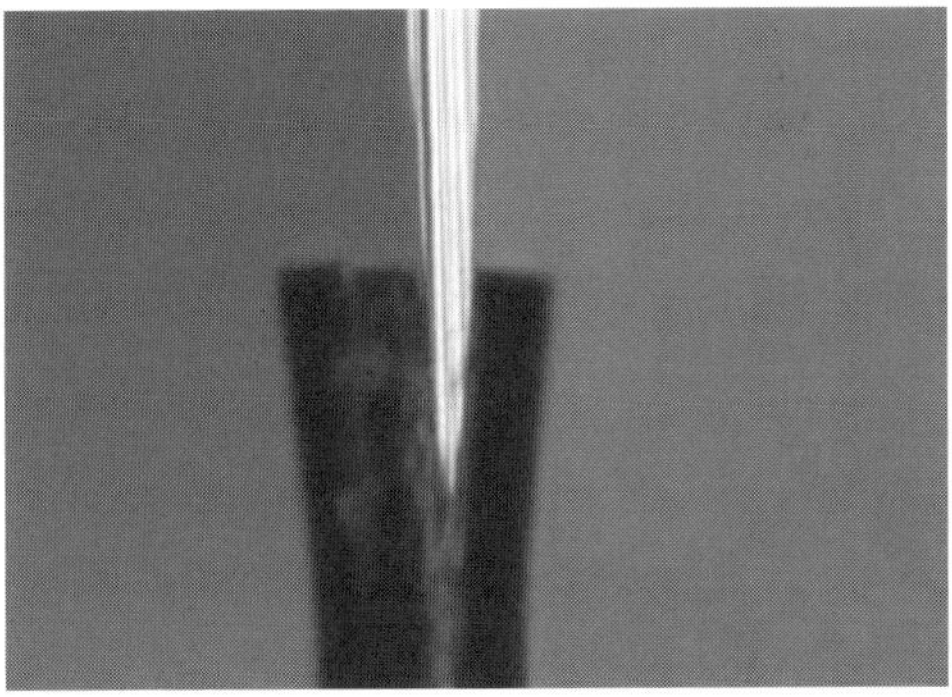

髪の毛のスライスなど「みせる」ことで技術力を発信

本社工場（航空写真）

器開発がある。

ただ、未知の分野の開発は「想像以上に壁が高かった」（本木社長）という。特に医療事故など生死に関わるリスクと、産業分野と異なる医療分野独特の環境が開発を難しくしていた。

それでもＩＳＯ１３４８５（医療機器品質マネジメントシステム）取得など市場へ送り込む体制を整え、15年に腹腔鏡手術用メス「ファインカッタースリム」の製造販売認証を得た。

現在、普及に向けた動きを進めるが未だ採算確保には及ばない。それでも「刃物で人類に貢献したい」（本木社長）という固い決意で突き進む。人類が刃物の発明から進化を重ねてきたように、「切断の現場に革命を起こす」との信念で新たな道を切り開く。

記者の目

「圧倒的」を追い求めて

本木社長は常々「稼ぐことの難しさ」を口にする。創業後、最初の1か月の売り上げは5万1500円。当時の苦労は今でも脳裏に焼き付いている。

現在も「毎日が苦労の連続」という。それでも前向きに取り組むのは「夢を描き続ければ苦労も楽しい」という思いにある。同社の成長の源にはそうしたポジティブな思考が反映されているのかもしれない。

会社概要

本社住所：福岡県柳川市西浜武575-1
電　　話：0944-73-0877
創業年月：1985年6月
業　　種：産業用刃物等の製造
売 上 高：16億円（2016年10月期）

URL：http://www.f-finetec.co.jp/

省エネ、創エネに貢献する「電気の総合プロデュース集団」

㈱堀内電気

堀内電気は電気工事業者として受変電や配電のほか通信や空調など幅広い工事を行う。現在は約20年の実績がある太陽光発電関連業務が主力事業に成長。計画から設計、施工、保守管理と関連するあらゆる業務で豊富なノウハウを持つ。同発電は再生可能エネルギーの固定価格買い取り制度（FIT）を追い風に普及が加速した。設備を高効率に稼働させ続けるというニーズも高まっている。

創業は1986年。堀内社長が個人事業から興した。当初は工務店や電気工事業者から仕事を請け負い、住宅や事

社是・理念

社員同士のコミュニケーションを良くして気持ちよく働ける職場環境づくりを心がける。それが社員の定着率の高さとなっており、技術の蓄積や会社の信頼につながっている。また「仕事は面白くないと続かない」とし、チャレンジ精神旺盛な社風を築いている。

代表取締役
堀内 重夫 氏

務所、テナントの工事を手がけた。97年に法人化して官公庁からも受注するようになる。

太陽光発電とのかかわりは96年から。海外での事業に協力したのが始まりで設備の修理からだった。当時の日本では太陽光発電は高価でもありマイナーな存在でＦＩＴもまだなかった。しかし堀内社長は「コストの問題はあるが理にかなう。勉強しなければ」と感じた。そして家庭用から始め、普及に貢献する。

■太陽光発電の電気を〝使う〟でも活躍へ

太陽光発電では小規模からスタートし徐々に規模を拡大した。ＦＩＴが始まると事業用の設置が急増。発電規模１０００kWを超えるメガソーラーと呼ばれる大規模設備の工事が珍しくなくなる。申請や工事のノウハウを持たない新規参入事業者から、その部分だけ依頼されることもある。

太陽光発電に関するすべてに対応できる

技術者が持つ豊富なノウハウが強み

現在、ＥＰＣ（設計・調達・施工）事業者として、分譲・運営をはじめ大手企業の施設の受託管理を行う。最近は１００万kW規模の「ギガソーラー」も出始めている。

発電量が収入に直結する事業用は稼働状況チェックと不具合が発生した場合の迅速な対応が欠かせない。パネルはメンテナンス不要でもパワーコンディショナー（電力調整装置）など周辺機器で不具合が起こることがある。堀内電気は発電量などを常時監視しており、不自然な変動が生じれば迅速に対処する体制を築いている。鹿児島県の大崎町と出水市に営業所を置いているのも管理体制整備の一環。太陽光発電の技術と経験を持つ担当者が現地に行くことでしか分からない周辺環境もチェックしている。

記者の目

活躍の機会は増える

太陽光発電はFITで急速に普及した。さらに今後の建設に向けて手続きを進めている施設も多く、その拡大は続く。今後は電力の需給バランスに対応した蓄電技術の高度化も進む。電気を熱などに換えたり燃料電池のために水素を作っておいたりが考えられる。そこでは電気工事技術が不可欠で同社が活躍する機会は増えそうだ。

会社概要

住　　所：福岡県福岡市南区横手 2-16-3
電話番号：092-588-6180
設立年月：1997年4月
業　　種：電気工事・電気通信工事・空調工事
売 上 高：19億4000万円（2016年4月期）
事 業 所：大野城営業所（福岡県大野城市）、大隅営業所（鹿児島県大崎町）、出水営業所（鹿児島県出水市）

URL：http://www.horiuchi-e.co.jp

高利益を生み出す
オリジナル林業機械生み出す

松本システムエンジニアリング㈱

松本システムエンジニアリングは林業機械や包装設備を主力製品としている。１９９８年の設立当初から、特許を重視する経営を貫く。国内だけで70件を超える特許を取得。製造工場を持たないファブレス形態で設計開発部門に注力する。農林水産省のプロジェクトも多く受託し、設立以来黒字を確保する健全な経営を続ける。

■他社ができない製品開発をしよう

主力の林業機械は本体だけでなくアタッチメントを開発

社是・理念

松本社長は大手建設機械会社に勤めていた際、開発した製品の特許出願を支社長から発明者として個人で出願するよう勧められた。そこで発明協会に入り特許制度を勉強、個人で出願した。業績を伸ばすため特許を取れる製品であるかを重視。他社ができないことを選別して開発に着手する。ゼロからイチを生み出す独自性で、ユーザーが買いたくなる機械を開発する。

代表取締役社長
松本 良三 氏

する。ヒット商品の一つが白とローズピンクの2色が特徴的な「フェラーバンチャザウルスロボ」。グラップル機能とバケット機能、格納式刃物を取り付けており、1台で切断や切り株の伐根、掘削作業ができる。災害復旧時に舗道整備で利用されるなど幅広い分野で活躍する。松本社長は「同じ作業人数で作業効率が2倍になる」とアピール。同社の営業担当は2人だけだが、年間に約600台を販売する。

製品が支持される理由の一つは過酷な環境でもトラブルを起こさない機械設計にある。ザウルスロボでも高強度の特殊材や強靱《きょうじん》な油圧制御バルブを使用して故障を起こさない。従来にない耐久性や機能性によって顧客の信頼を獲得。口コミで評判が広がる。機械自身が営業マンとなって受注につなげる。

林業機械と並ぶ主力製品が各種包装機器。誰もがよく知る国民的アイスや大手飲料メーカーの商品包装の現場で使

多機能で作業効率を上げる林業機械

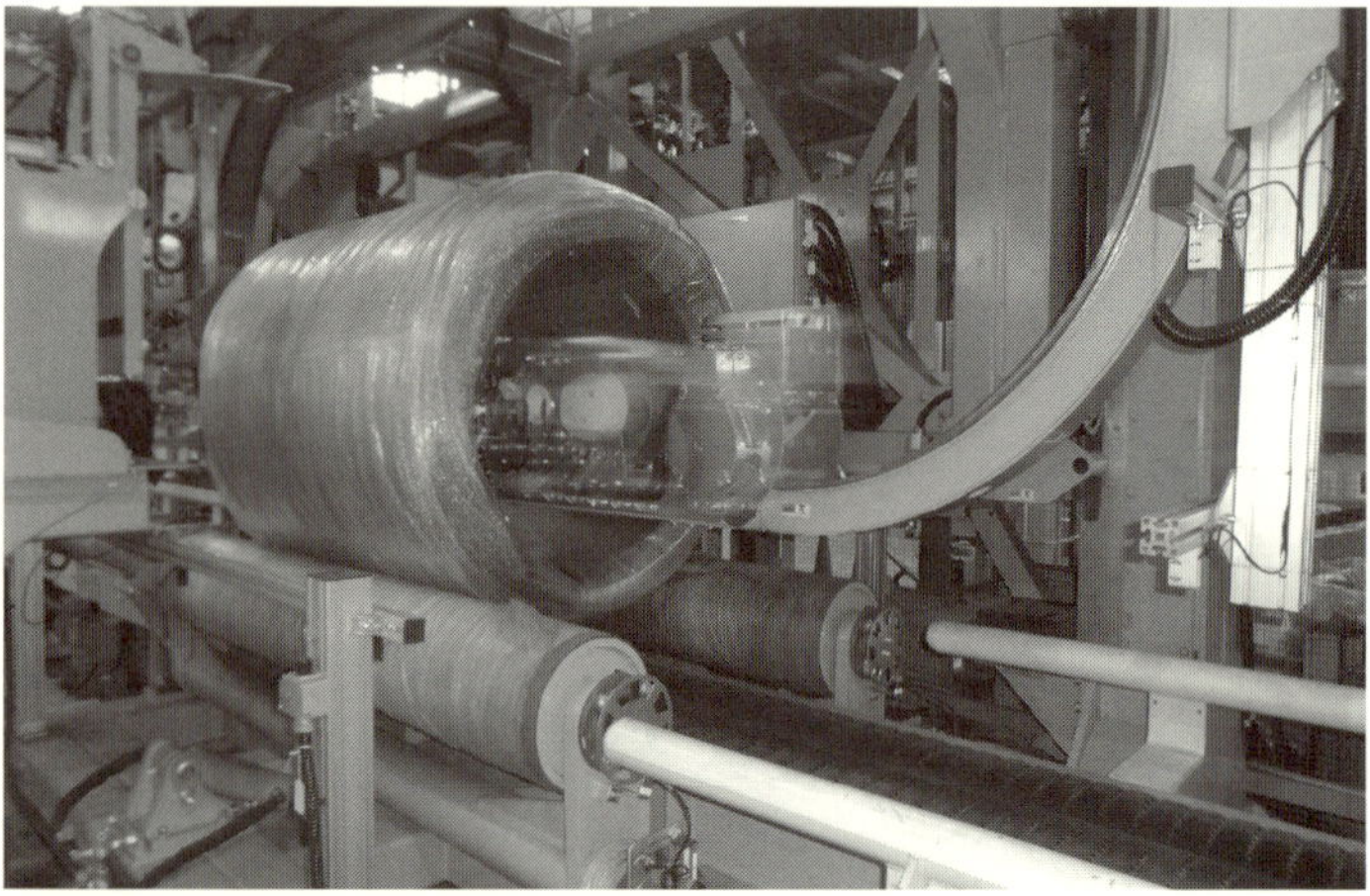
包装機器はフィルムコストの削減を可能にする

用されている。特徴の一つが特許取得済みの「パワーワイドストレッチ方式」を採用していること。フィルム面積を延伸させる技術を搭載することで、フィルム使用量を大幅に削減、ユーザーのランニングコスト低減を可能にした。

松本社長が経営で重視するのが特許の取得。その理由を「特許を取得していれば顧客や販売店に安心して商品の販売を行ってもらえる」と話す。国内に限定した営業戦略でなく市場規模や製品ニーズを予想して欧米やアジアなど地域別に海外特許を出願する。

維持費などは年間1000万円程度と安くない。だが、競合メーカーによる模倣品の排除や安全性の担保の観点などから今後もこの方針を続ける。

記者の目

開発力で新たな機械を生み出す

2016年9月期の売り上げは約19億円で前年同期比3億円の増収となった。開発途中で投げ出さない諦めないという経営姿勢も顧客の信頼を得ていることが数字からも分かる。だが、その姿勢は無理をしているわけでない。社員全員が楽しく作れるものを目指している結果にすぎない。もうかる林業の発展には、ツートンカラーが目を引く同社の機械が欠かせない。

会社概要

住　　所：福岡県粕屋郡篠栗町和田1043番地4
電話番号：092-931-5111
設立年月：1998年2月
業　　種：包装機器や林業機械の設計・開発など
売 上 高：19億円（2016年9月期）

URL：http://www.coara.or.jp/~mse/

他の追随を許さない製品で世界に貢献する

㈱メイホー

スマートフォンにペットボトル、医薬・化粧品。生活の必需品といえる各種製品はさまざまな製造工程を経て消費者に届けられる。そのベースとなるのが金型だ。メイホーは金型や成形事業を通じて日常生活に欠かせない製品を製造している。大手メーカーの黒子に徹しながら、日本の製造業を支える九州を代表するモノづくりメーカーと呼べる存在だ。

社是・理念

「社業を通じて太陽のように明るく、海のように豊かな日本の社会を築き、また、世界に貢献する企業を作り上げる」。メイホーの経営理念は崇高だ。品質・価格・納期全ての面で顧客との信頼関係を保ち、独自技術の開発に努めて、付加価値の高い製品を顧客に提供する姿勢が、大手企業からの信頼につながっている。

代表取締役社長
永松 克彦 氏

■試作から量産まで一手に

東芝、オムロン、パナソニック、トヨタ自動車、富士フイルム、テルモ、メニコン…。メイホーの取引先はわが国を代表する大手企業が顔をそろえる。メイホーの社名が表に出ることはないが、技術は折り紙付きだ。

創業は1973年。故・永松明氏が三井工作所（現・三井ハイテック）を退社し、射出成形用精密金型の設計製作を始めた。高度成長とその後の半導体やペットボトル需要の波に乗り、半導体・ペットボトル用金型、樹脂部品の射出成形加工で成功した。

90年代に入ると精密プレス金型の設計製作も始めた。最近では自社開発の超小型射出成形機を使ったコネクターや発光ダイオード（LED）部品の一貫生産や、液状シリコーンゴム成形品、医療バイオ容器といった新規事業にも参入。

さまざまな金型が日本の製造業を支えている

直方本社・第２工場

明氏の甥の永松克彦社長が話す「生き残りをかけた多角化」が奏功している。

特に期待しているのが「医療・美容・バイオ容器」だ。大手医療機器メーカー向け注射器の樹脂部品や国内外の大手化粧品メーカーがこぞって採用する美容容器は、同社の高い技術力が生かされている。高精度な金型と高品質な成形品を一社で請け負えるのが同社最大の強みだ。最大７品種の多数個取り金型を同時に立ち上げ、試作から量産まで一社でまかなう技術力は他の追随を許さない。

永松社長は「受け身の営業でなく、顧客と一緒に悩み、製品化する。精密成形のソリューションメーカーを目指している」と胸を張る。未来は明るく豊かなものになりそうだ。

記者の目

際立つ独自性

順風満帆に見えるが、過去には米国市場からの撤退やリストラなどの痛みも経験した。だが、取引があった東芝北九州工場の閉鎖をきっかけに本格的に進めた多角化が実りつつある。グローバルニッチトップを目指し、市場ニーズを先取りした独自の製品は、強烈な個性として九州の中でも抜きんでている。

会社概要

所 在 地：福岡県直方市感田 811-1
電　　話：0949-26-0006
設　　立：1977 年
業　　種：金型、成形品、小型成形機製作
売 上 高：18 億円（2016 年 12 月期）
事 業 所：東京オフィス（東京都千代田区）

URL：http://www.meiho-j.co.jp

果敢な挑戦と地域貢献によるモノづくり

㈱明和製作所

明和製作所は自社での一気通貫体制を売りにカスタム設計、小ロット生産で主に工具やポンプ、電力遮断器など高負荷に対応する駆動用モーターを製造している。近年はモーターを軸とした産学官連携による地元との結びつきも強めながら、モノづくりを通じた地域貢献を果たしている。

■チャレンジ精神を追い求め続ける

創業は1959年。大手電機メーカーの協力工場として始まった。1980年代に同社の電動工具事業からの撤退

社是・理念

「誠実、創造、明和」を経営理念とする。「誠実」は顧客の要望に応えるためのマーケティング力。「創造」は独自開発を進めるための技術力。「明和」は従業員が能力を発揮する環境を指す。それぞれが三位一体となる事で、企業の使命である産業、社会への貢献とともに従業員が自己実現できる姿を理想としている。

代表取締役社長
生野 岳志 氏

を機に、自社での設計開発と技術営業を開始した。自社工場で素材加工から電気試験まで一貫で行える内製設備（モーター軸・歯車加工、熱処理・研磨、巻線・ワニス処理、アルミダイカスト鋳造、塗装）を生かし、ギアモーターや歯車減速ユニットと一体となった装置をケースも含め一括で設計製造できることが最大の強みだ。

共同研究など新たな取り組みにも積極的だ。それはリーマンショックなどを経て「伝承された技術や従来事業だけでは生き残れない」（生野社長）という危機感に基づく。

例えばレアアースや永久磁石を使わないブラシレスモーターとして注目を集めるＳＲモーターは福岡工業大学と共同で開発。モーターコア設計、磁界解析、コントローラー設計や制御プログラム開発などの技術を基に、２０１０年からの経産省基盤技術高度化支援事業では小型ＥＶ向けＳＲモーターによるＥＶドライブユニットを開発、関連特許

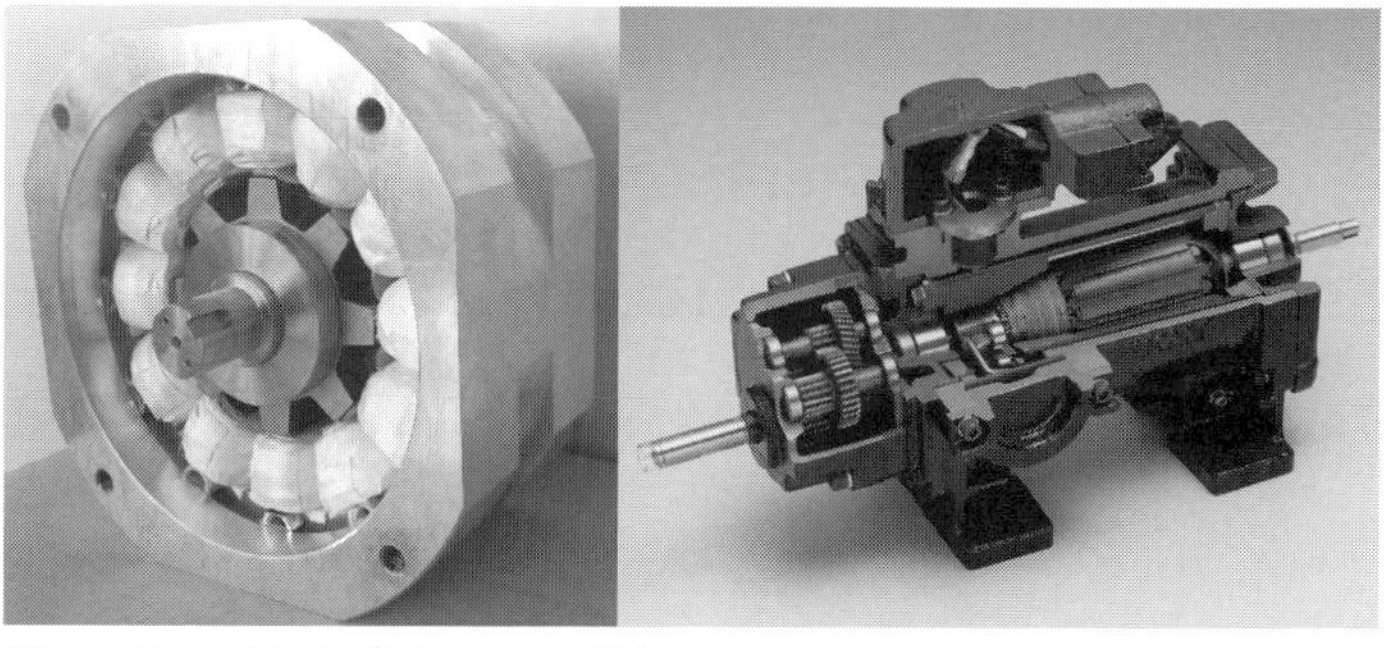

SR モーター（左）とギアモーター（右）

独自開発の超小型モビリティ

を取得した。

地元との連携では13年から国交省の超小型モビリティ導入事業を実施。現在は配送業務に特化した電動ビジネススクーターを販売している。またNEDO事業の研究開発と事業化では、14年に九州大学主導で設置した小水力発電所が稼動を始めた。

地元との結びつきを意識したこれらの挑戦は、関東や関西の企業との取引が中心だった同社にとって「地域社会・学術研究都市に貢献するという企業使命」（生野社長）の実現につながっている。今後も従来事業にも一層力を入れていくとともに「電動化で省エネと環境に貢献する」（同）というビジョン実現のため挑戦を続ける。

記者の目

モノづくりの醍醐味を体感

明和製作所は「自分自身の貢献がダイレクトに感じられる職場だ」と生野社長は語る。顧客の要望に応えて設計開発する醍醐味のほか、素材加工から製品仕上げまでを自社で一貫して手がけられる環境がその言葉を裏付けている。企業理念実現のため、設計でも機械・電気・制御などの専門分野、製造でも様々な工程に対応する人材が求められる。

会社概要

本社住所：福岡県糸島市志登 130-1
電　　話：092-322-3111
創業年月：1959 年 11 月
業　　種：電気モーター、歯車、ダイカスト製品等の設計・製造・販売
売 上 高：7 億 5000 万円 (2016 年 3 月期)

URL：http://www.meiwa-ss.co.jp/

「信頼」「誠実」「機動力」を武器に世界を駆け回る

㈱森鐵工所

森鐵工所はタイヤを作る際に使われる「成型ドラム」という製品で40カ国以上に納入実績がある。専業メーカーとして独自技術を武器に世界各国のタイヤメーカーと取引し、世界シェアは約4割を誇る。同社のドラムがなければ世界のタイヤが生産できない程、その実力は業界内に響き渡る。

■ニッチの深掘りをひたすらに

創業は1905年。当初は精米機などの製造を手がけて

社是・理念

「最高の技術で社会に奉仕」を社是とし、「技術はウソをつかない」という信念を持つ同社。クレーム発生時は他の作業を止めてでも対応するほどだ。そこまでの対応には「信用が第一」という考えがある。競争力を保つため、日頃から顧客、協力会社などとの地道な信頼構築に余念がない。そんな積み重ねがイレギュラーな対応を可能にしている。

代表取締役社長
森 春樹 氏

いた。創業者の森藤一氏が同じ久留米に地盤を持つブリヂストンタイヤ（現・ブリヂストン）の創業者と親しかったこともあり、1930年代から成型ドラムの設計、開発を始めた。

その後、モータリゼーションの流れに乗ってタイヤの需要も増し、ドラム製造のノウハウを構築していった。「製品精度、耐久性、部品の互換性」の3点の重視は社風として現在まで脈々と流れている。それは自動車の安全性に直接影響を及ぼす製品の性質上、求められることでもある。

三つの観点は製品の特性に表れている。例えばドラムを製作する際、同じ型で価格が他社より高いことがある。だが、導入後のメンテナンスや製品寿命の長さなどを踏まえるとトータルでは他社よりリーズナブルなことが多い。開発時に三つの観点を突き詰めてきた結果だ。

50人程の少数精鋭の所帯のため技術者も現場の声を

独自開発の
タイヤ成型ドラム

本社・工場

キャッチする経験を積む。直径10㎝程度のものから数ｍ単位のものまで、あらゆる大きさでテーラーメードな製品を開発できる。それは、さまざまな経験を積み「新しいことへのアレルギーがない」（森社長）という従業員の総合力が裏付けている。

世界を相手にするため、生産コストを考えると海外に製造拠点を置くことも考えられる。それでも「日本の地で作り続ける」（同）のにこだわるのは「三つの観点」を極め、今後も地元久留米から世界に向けて独自性を追い求めるためだ。近年、自動車の性能の進化と同様、タイヤに求められるニーズも複雑化している。それだけに今後も「ニッチの深掘り」により専業メーカーとしての存在を高めていく。

記者の目

世界と対等に向き合うには

森社長は商社勤務の経験を生かし、今でも頻繁に国内外に足を運ぶ。スピードの早さを自ら「駆逐艦経営」と表すなど大手メーカーにはできない機動力を武器とする。

また、あいさつや礼儀を重んじ、訪問時はいつも従業員の気持ちよい言葉が聞かれるのも印象的だ。ニッチな分野を極めるには技術力に加え、そうした誠実さも必要なのかもしれない。

会社概要

本社住所：福岡県久留米市大石町18
電　　話：0942-35-1266
創業年月：1905年6月
業　　種：タイヤ用成型ドラムの開発、製造、販売
売 上 高：約7億円（2016年3月期）

世界から最先端のハードとソフトを調達し、一歩進んだ日本のモノづくりを世界に発信

八洲産業㈱

八洲産業は産業関連総合商社だ。産業用電子機器の代理店ビジネスやＯＥＭ受注、画像処理、情報物流システム等の開発も手がける。主要取引先は国内メーカー約８００社、主要仕入れ先は国内メーカーをはじめドイツ、スイス、米国、韓国、台湾など約７００社にものぼる。

２０１７年は高椋社長の父・稔氏が電気工事材料の卸業者として同社を創業してちょうど60年目の年だ。高椋社長は17年を区切りの年とみており、これまで培ってきた商社機能を活用し、さらなるビジネスの拡大を目指している。

社是・理念

グローバル時代の多様性、先進性に対する感性を研ぎ澄まし、最新の情報を発信し続ける集団を目指します。誕生の地・九州のみならず、首都圏の顧客網を更に広げアジア・欧州からのソリューションを積極的に導入します。従来のＦＡ・半導体回路・ロボットの事業を土台に来るべき『IoT』時代に向けて多様なアプリケーションを提案、次世代の設備を提供します。

代表取締役社長
高椋 正年 氏

そのひとつが16年から取り組むロボットのシステムインテグレーションビジネス事業だ。

「顧客のニーズは複雑化しており、単一製品の対応では解決が難しい。産業商社は多様なソリューション提供ができる強みを持つ」（高椋社長）。同社は16年、半導体や自動車、医療関連向け自動装置製造会社のペネック（熊本市北区、松岡社長）に資本参加。ペネックと業務提携し、中堅企業向けにロボット導入時の開発設計からシステム構築など支援するビジネスを推進するという。約2億円を投資して17年度中に熊本市内にロボットシステム工場を建設する計画だ。

■日本のモノづくりの国際化を支援

これからの産業関連商社の使命について、高椋社長はずばり「日本のモノづくりの国際化だ」と力を込める。「グロー

ペネックの
自動化システム

ロボット関連展示会での八洲産業ブース

バル化の中で国内市場は縮小。日本中小・中堅メーカーはこれまで以上に海外進出をする必要がある。そのお手伝いをする。同時に世界中からより良い製品を調達して来る」(高椋社長)。

同社は11年以降、海外営業部やソウル事務所などを開設。海外からの人材も広く採用して国際化実現を着々と進めてきた。11年にクアラルンプール(マレーシア)で開かれた展示会に出展した際、日本のモノづくりの行く末に危機感を抱いた。「海外では既に韓国や中国の産業製品が市場を席巻。しかし、これはビジネスチャンスと見ている」(同)。今後、日本のメーカーがより良いモノづくりをし、海外市場で認めてもらうためには、海外の良い部材を使って行くことが必要だと強調する。

記者の目

産業商社独自のビジネス事業提案

高椋社長は「IoT化が進むことで、人が人らしく仕事に取り組める社会が到来する」と見通す。熊本市内に建設予定のロボットシステム工場は、小規模な工房のイメージ。1700㎡の敷地内にはイタリアンレストランの併設も検討中だ。「欧米に見られる快適なリゾートワークスを実現したい」（高椋社長）と力を込める。操業が楽しみだ。

会社概要

本社住所：福岡県福岡市南区大楠2-9-14
電　　話：092-521-0761
設 立 年：1957年11月
業　　種：産業用半導体、電子機器、各種制御装置の販売、産業用電子機器の代理店ビジネスおよびOEM受注等
売 上 高：28億1000万円（2016年5月期）
事 業 所：東京支店、ソウル支店

URL：http://www.yashimasangyo.co.jp

超精密を極める

㈱ワークス

福岡県遠賀町、山あいの小さなこの町にあるワークスの顧客には、富士フイルム、オリンパス、京セラ、パナソニックなど、日本を代表するメーカーが並ぶ。三重野社長が三井工作所（現・三井ハイテック）を退職して1991年に創業、わずか20年足らずで九州を代表する精密金型メーカーに育て上げた。成長の鍵は他社が真似できない〝超精密〟の追求だった。

社是・理念

「喜びと感動　知恵と発想　無限の可能性」。ワークスには多くの理念がある。モノづくりの究極ともいえる「限りなく丸く、限りなく平らに」もそうだ。根底には顧客第一主義が貫かれているが、一方で「従業員を大事に、そして人生を謳歌する」という、社員とその家族を大事にする姿勢も企業理念にうたわれている。

代表取締役
三重野 計滋 氏

■顧客第一主義を貫く

三重野社長は優秀な営業マンだったが、実父が50代の若さで早世したのを機に独立を決意した。会社員時代から思い描いていた「顧客の役に立ちたいという思い」を実現するための独立だった。目指したのは技術あるメーカー、世界一の精密技術。最初に製品化したのは当時輸入品しかなかった、精密金型製造で欠かせない極細（マイクロ）ピン製造だった。

２０００年代に入ると急速な情報化が進み、デジタルカメラやカメラ付き携帯電話が爆発的に普及した。これに目を付けた三重野社長はレンズ金型製作を開始、一つの金型で最大16個のガラスレンズを生産可能な専用金型製造に成功する。この技術が認められ中小企業庁の「元気なモノづくりの中小企業３００社」に選ばれた。

超硬合金製、超精密研削の組子細工が日本精密機械工業会「モノづくりコンテスト2016　特別賞」受賞

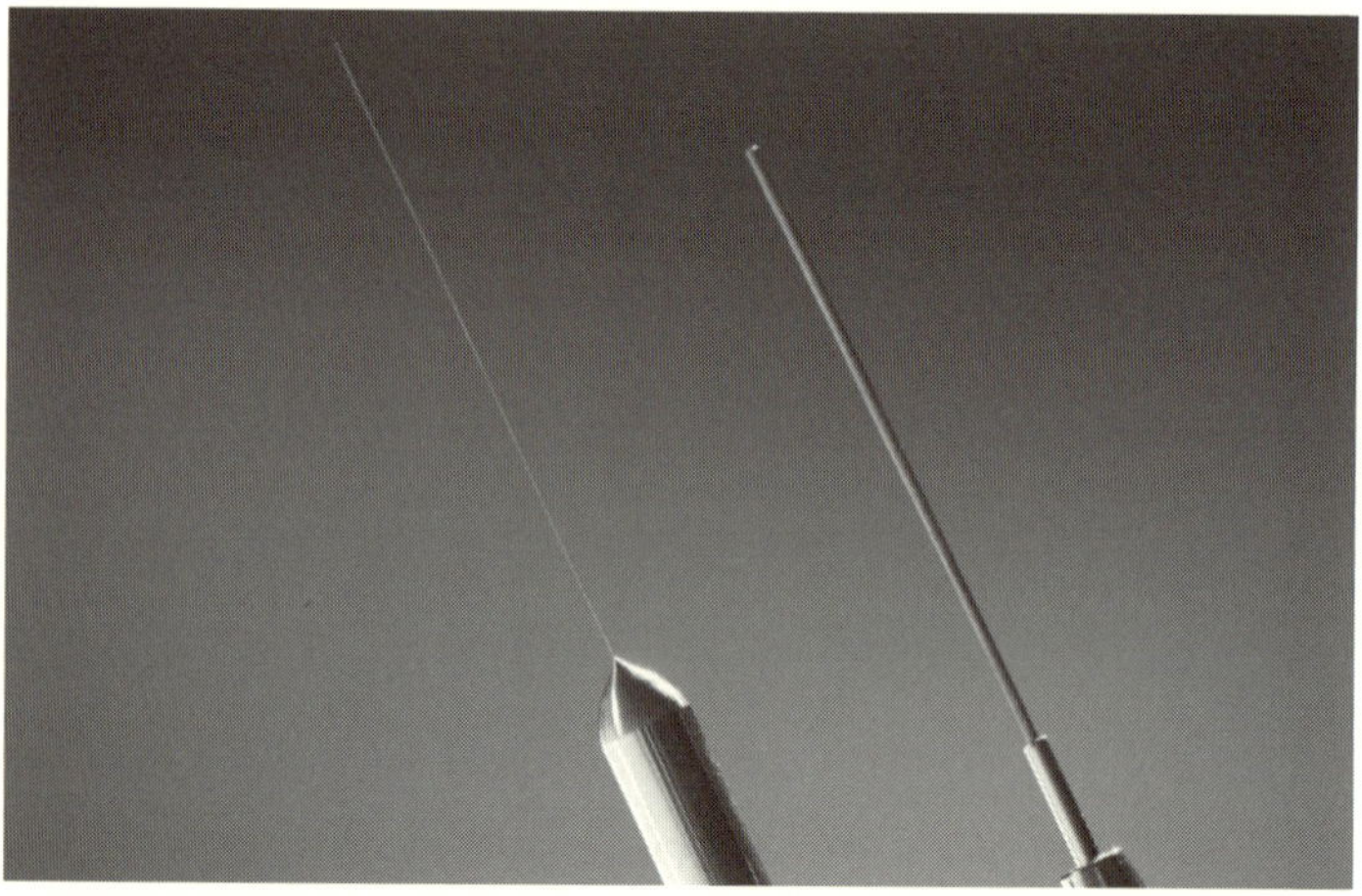
直径 30 マイクロメートルの極細ピン（左）と 0.5mm シャープペンシル（右）

08年には「放電加工・磨き加工レス精密微細研削加工技術」を確立、絞り金型の寿命を従来比5〜10倍に延ばす「超硬合金に対する放電レス加工」にも成功した。金型製作を従来の放電加工ではなく研削加工で行うことで、最低5万ショットの利用を可能にした。直径0・7㎜までの金型を製作できるようになったため、極細注射針など医療分野に販路が広がった。

今後期待するのが、自動車の自動運転とバイオ分野だ。自動運転に利用される各種センサーやレンズに精密加工技術は欠かせない。またバイオ分野も細胞培養のためのマイクロウェルプレート製作に同様の技術が必須だ。「超精密を極めることで顧客満足度も高める」。三重野社長の仕事（ワーク）に休みはない。

記者の目

挑戦で夢を実現

ワークスの魅力を一言でいうと「挑戦」だ。工作機械から情報家電、医療・バイオと業容拡大はとどまることを知らない。「世の中にないモノをつくる」が口癖の三重野社長は今、アジアマーケットを見据えている。他国の追随を許さない「ジャパンクオリティ」と発展する市場の融合は、想像を超える新たな市場を生み出す。夢の実現が楽しみだ。

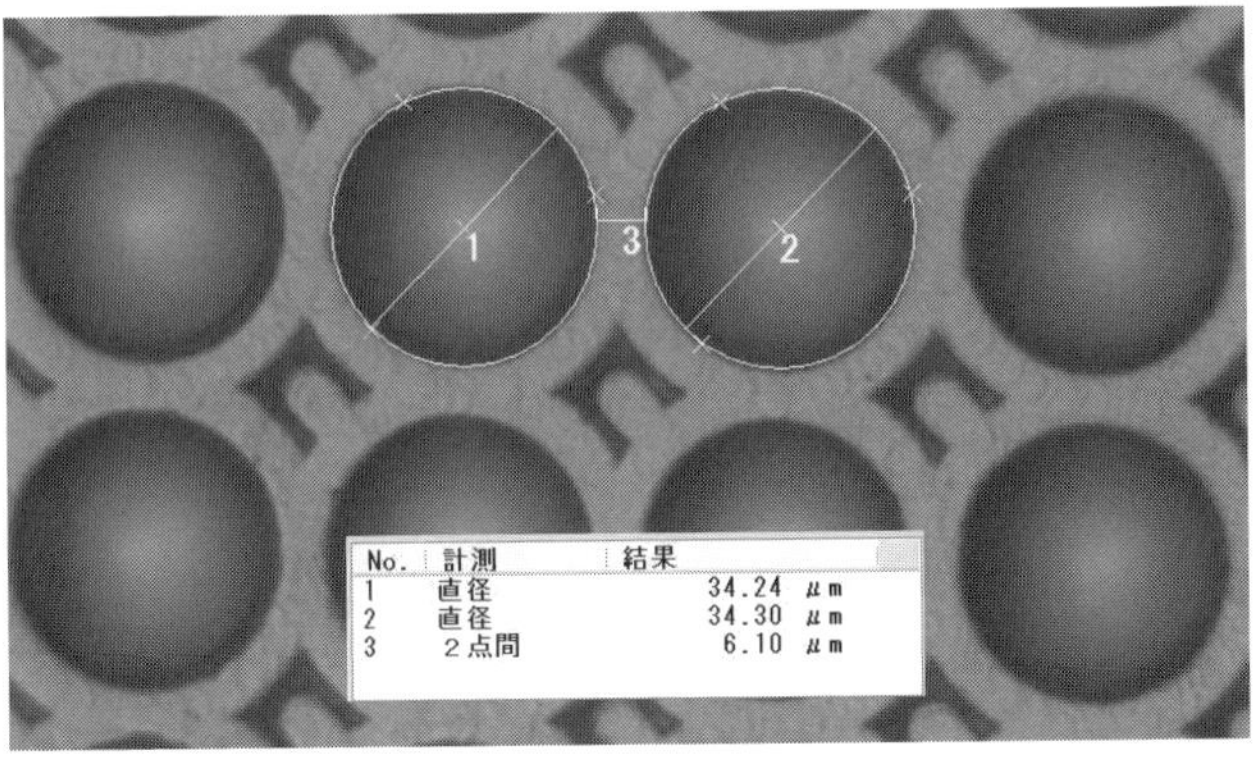

会社概要

所 在 地：福岡県遠賀郡遠賀町虫生津 1445
電　　話：093-291-1778
設　　立：1991 年 4 月
業　　種：精密金型部品製造
売 上 高：6 億円（2016 年 7 月期）
事 業 所：神戸オフィス（神戸市中央区）

URL：http://www.wks-co.com

福岡の老舗製造業の新たな挑戦

渡辺鉄工㈱

創業1886年と130年の歴史を有する福岡市の老舗製造業だ。製鉄や自動車ホイールの生産設備などを設計から製作、現地での据え付け工事まで手がける一貫メーカーとして技術を蓄えてきた。今後はこの技術力を活かし、地元企業の省力化にも貢献していく構えだ。

「中小企業の省力化をお手伝いしたい」―。渡邉社長が社長就任した2011年以降、地場の中小企業から仕事を受注する事例が増えている。従来の顧客は大企業が大半。だが、地元に目を向けると少子高齢化の進展などから人手

社是・理念

わたしたちは誠意と協力を理念として、技術を追求し、お客様と社会に貢献いたします。

代表取締役社長
渡邉 剛 氏

不足が深刻な問題となっている会社も多い。大手企業向けで培ったノウハウは「地場企業の省力化や生産性向上にも貢献できる」（渡邉社長）。

■ゼロから図面書き起こし

同社の強みが設計技術者だけで20人が在籍する開発力だ。顧客の課題解決能力とも言え、全社員の数が百人の規模では割合の高さが際立つ。

自動車用ホイール生産設備や鋼鈑処理設備は顧客から、こういう機能の装置を導入したいと要望を受けて、技術者が頭の中で設備をイメージし、図面に落とし込んでいく。全くゼロの状態から設計図面を書き起こすことを「構想設計」と呼び、設計技術者の20人のうち半数が対応できる。

さらにその後の製作、据え付け工事まで自社内で完結できることが総合的な技術力を一層高める。全てを自社内で

地元企業向けに製作した
軽量鉄骨加工設備

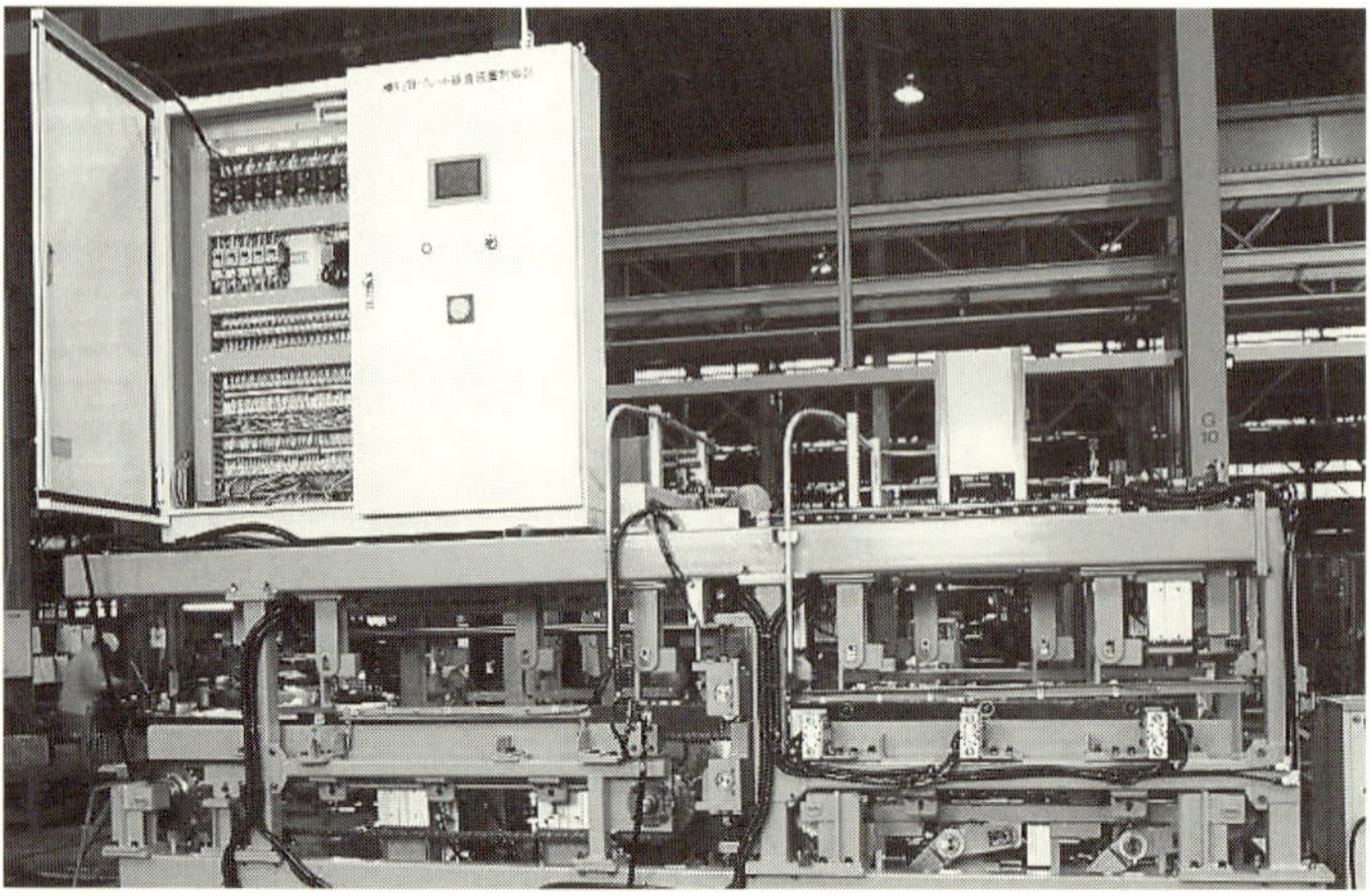

木製パレットの検査装置も開発した

対応できる設備メーカーはバブル経済崩壊後減り、現在では「九州で数社しかない」（渡邉社長）という。

現在の売り上げ構成はホイール生産設備のほか、鋼鈑処理設備、水上魚雷発射管など防衛省向けの仕事、建設機械販売等の汎用機サービスという四つの事業が柱だ。

新たに取り組んでいる地元企業向けでは、これまでに非鉄金属加工会社や建築関連、建材などの工場に省力化機器や加工機を納入した。地元企業向け省力化装置を新しい柱に育成し、会社の経営力を強靱《きょうじん》にする構えだ。

記者の目

新しい事業の柱を育成

福岡の名門、渡辺家発祥の御三家の内の1社で、戦前は国指定軍需工場として戦闘機も開発した。戦後は1967年に自動車ホイール向け製造装置の生産を開始、現在の主力事業に成長した。一品物の仕事を得意とし、この力を中小企業にも横展開しようとしている。事業の柱は多いほど経営は安定する。創業200年の年には何本の柱が育っているか楽しみである。写真は自動車ホイール向け製造装置。

会社概要

本社住所：福岡県福岡市博多区相生町1-2-1
電　　話：092-581-0331
創業年月：1886年1月
業　　種：機械製造
売 上 高：14億円（2016年3月期）
事 業 所：本社工場、東京出張所、汎用機サービス部鹿児島出張所

URL：http://www.watanabe1886.com

第2章

佐賀 長崎

国内シェア70％ 造船に欠かせない曲げ加工機を佐賀から

神埼工業㈱

神埼工業は、鋼材の単純な曲げ加工や複雑な形状加工ができるベンディングロールなどの産業機器を製造している。ベンディングロールは同社の主力製品であり、国内シェアは70％を超える。主に造船の現場で利用され、貨物船からクルーズ船まで幅広い種類の船舶の外板や骨組み加工に活躍している。同社は2016年に新たな複合加工機を導入、積極的な設備投資で競争力強化につなげた。

社是・理念

鶴社長の経営には「日本の製造業を支えることが、国家繁栄の源になる」との情熱がある。仕事で悩んだ時は戦没者を思い、「自分の悩みなどちっぽけだ」と、自分自身を奮い立たせる。
IT 化の時代でも重厚長大産業は重要であり続ける。単純な製品でもその道の先駆者であれば地位は揺るがない。ベンディングロールというニッチな業界で 1 番の存在を目指していく。

代表取締役社長
鶴　克也 氏

■設備投資と技能伝承で競争力引き上げ

同社は1952年、吉野ケ里遺跡がある佐賀県吉野ケ里町で鶴鉄工所として始まった。55年に油圧プレスやベンディングロールの研究開発を始め、67年に端曲ベンディングロールの開発に成功した。

2000年に就任した鶴社長は「社長が一番働く」という考えから月の半分は営業活動で全国を飛び回る。また主な取引先である造船業界は、テロなど外的要因によって貿易などで影響が出ることから、売上高よりも自己資本比率に目を向けた経営を心がける。「最低でも50～60％を確保する」という目標は16年の決算でもクリア。01年から15年連続で達成している。

「設備を新しくしなければ競争力がなくなる」との危機感から設備投資に積極的に取り組む。16年には、対応でき

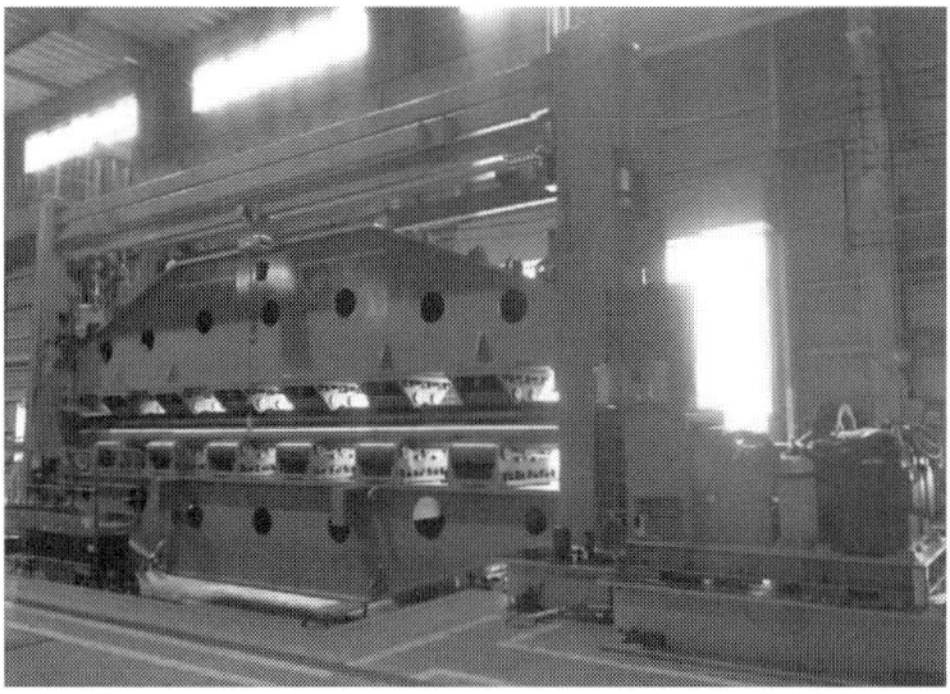

造船所で船底の鋼材加工で使われるシップロール

熟練技術者による直角平行を意識した製品作りが行われる

る加工対象物（ワーク）の長さが4mで、中グリや切削、ネジ穴加工ができるドリルタップを備えた複合加工機を導入した。結果として、シリンダー加工の精度を高め、作業効率を20～30％程アップさせた。

次世代も会社を維持、そして成長させていくためのテーマに掲げるのが技能伝承。20代のフレッシュな技術者と60代以上のベテラン技術者を2人一組のペアにして、熟練技を間近で学べる環境にしている。

製造工程では機械が故障を起こさず精密に稼働させるためとして土台を重視。各プレス機を置く場所を決める際は細心の注意を払う。若手には、全てにおいて〝直角平行〟を一番に意識するよう指導している。

記者の目

製品用途が防災分野に拡大

先行きの見えない経営環境でも、最適な設備投資を仕掛けることで次世代をにらんだ技術力向上に取り組んでいる。造船業者が主な取引先だが、近年は浮上式防波堤向け鋼管加工に使われるなど用途が広がりをみせる。今後は津波対策などの防災分野でも同社の製品が活躍することが期待できる。

会社概要

住　　所：佐賀県神埼市神崎町鶴 3318
電話番号：0952-52-1245
設立年月：1974 年 5 月
業　　種：端曲ベンディングロールの製造など
売 上 高：8 億 5000 万円（2016 年 5 月期）

URL：http://kanzaki-industry.com/

ナノ加工技術を有するめっき加工のプロフェッショナル

田口電機工業㈱

田口電機工業は創業時から行っている硬質クロムメッキなど50種類以上のメッキを手がける。「めっきのデパート」と掲げる通り、加工対象は半導体・液晶製造装置をはじめ、自動車、医療機器、鉄鋼、電力、航空宇宙産業部品など製造業全般。防さび効果などを付与し製品の付加価値を高める縁の下の力持ちとして産業界を支える。

■九州半導体産業の発展とともに成長

設立は1963年。多角化経営の失敗や工場の焼失など

社是・理念

“本当の経営”とは「人の役に立つモノをつくることが全て」という考えが、85年の社長就任以来の田口社長にある。人の役に立つ究極は人の命を救えること。「命を救える医療分野に参入できるチャンスを得てうれしい」と情熱は尽きない。今後はゼロからイチを生み出すため、ナノテクノロジーの研究を推進してメッキ加工だけでなくメーカーとしての地位を確立する構えだ。

代表取締役社長
田口 英信 氏

苦しい時期を乗り越える転換点となったのが85年だ。大量生産に対応したものから〝一品一様〟の加工に特化した設備内容に再編した。同じころ、大手半導体メーカーの生産工場が九州に立地するようになり、取引を始める。求められる加工基準が厳しい分、加工技術は半導体産業の成長とともにめきめき向上した。

また、経験と勘に頼っていた部分を高度な機器分析装置を導入することで数値化した。設備の多くを自作することで受注に見合ったレイアウト変更を容易としていることも強みだ。技術伝承ではISO9001による生産管理を軸に、厚生労働省の「ものづくりマイスター」に選ばれている田口社長が指導、技術の細分化に取り組んでいる。

2015年には10人を新規採用して、パワー半導体基板への精密メッキ加工を始めた。自動車や電車車両などの大型機器用の2本のラインを備え、高効率で運用している。

顕微鏡を使って実体を確認できるナノメートル単位の部品

将来の収益源として期待するパワー半導体の加工事業

17年度中にはライン拡張を予定。10年後には3－4億円の売り上げ規模に成長させ、事業の大きな柱とする考えだ。

もう一つの柱に考えるのがナノテクノロジー分野だ。メッキ加工は下請けとして受け身の形態になる。田口社長は「景気の波に直結し、主導権が握れない」と明かす。そこで主体的に展開できる分野として超小型製品やマイクロマシンに組み込まれるナノ部品の研究を進める。ナノ加工には九州シンクトロン光研究センター（佐賀県鳥栖市）のX線リソグラフィ技術を応用したLIGA微細精密加工を使う。これまでに直径0・1㎜以下の歯車部品などの製造に成功、低侵襲で患者の負担が少ない手術関連機器やナノロボットへの採用を見込む。

記者の目

社会構造分析した事業展開

多品種少量に対応したメッキ加工で、中小企業庁『がんばる中小企業・小規模事業者300社』に選ばれるなど、佐賀を代表する企業に成長した。だが、田口社長は評価にあぐらをかくことなく飽和状態の国内産業や人口減という社会構造を危惧してナノ技術という新たな成長源に10年前から取り組んでいる。ローテクとハイテクの両輪で産業界を支え、なくてはならない存在へと昇華していく。

会社概要

本社住所：佐賀県三養基郡基山町小倉399
電　　話：0942-92-2811
設立年月：1963年6月
業　　種：電気めっき加工、合金めっき加工をはじめとした表面処理全般
売 上 高：約5億3000万円（2016年5月期）

URL：http://www.taguchi-dk.co.jp/

防爆技術一筋で安全・防災に貢献する

㈱中村電機製作所

中村電機製作所は、可燃性ガスなどが発生する製油所や化学工場、電力会社などを対象にした「爆発を防ぐ」防爆制御機器の専業メーカーだ。高い信頼性が求められる機器だけに、厳しい規格に合格する必要がある。全社の売り上げの7割以上が防爆制御機器で、このような業態の企業はほとんど存在しない。顧客は大小含め500社以上にのぼり、そうそうたる大企業が名を連ねる。

創業当初は鉱山用電気機器の修理サービスが主力だった。1950年に通商産業省（現・経済産業省）の防爆規

社是・理念

社是は「常に考える」。自己啓発によって人間には限界がなく、打つ手は無限にある、との考え方による。また企業理念は「進取・誠実・感動」とした。小さくてもキラリと光る元気な企業として、防爆制御・通信機器で日本一に挑む、という思いが込められている。

代表取締役社長
中村 直紀 氏

格を取得。しかし全国の炭鉱が閉山に追い込まれる中、業績が悪化した。

それを救ったのが1962年に開発したドラム型メカニカル汎用開閉器（通称・カムスイッチ）だ。接点部分を目視できるようにした斬新な構造で、防爆用途以外にも広まっていった。同社の製品は一品仕様が大半だが、中村社長は「カムスイッチだけは唯一の在庫品」と笑う。現在でもこの商品は生産を続けており、50年以上も続くロングセラー商品だ。

■防爆照明を新たな柱に

視野は海外へも広がっている。海外でも防爆製品を使いたいという要望に対応し、2015年にはEUの「ATEX」、IEC（国際電気標準会議）が運用する「IECEx」などの認定を取得した。本格的な海外展開の布石を

カムスイッチ

中村電機製作所の社屋

打っている。さらに13年にはすべての規格を持つイタリアのフェアム社と技術提携。同社製品のノックダウン生産を始めた。とりわけ照明機器は各種取りそろえており、新たな柱にしたい考えだ。

中村社長は就任後、不採算事業からの撤退を含め選択と集中を進めた。その成果もあって、収益力は高まった。規模は小さいが取引先は大手ばかり。信頼が何よりも重要なので規模拡大もさることながら、利益をしっかり確保する体質を確立させ、名実ともに「小さくてもキラリと光る元気な企業」を目指している。社歴70年を越えても同社の「防爆で社会に貢献する」基本姿勢は揺るぎない。

記者の目

水素対応の防爆機器も

鉱山の防爆と異なり、工場用防爆は多種多様な危険箇所に対応する必要に迫られる。安全・安心を提供する企業だけに、大きな責任も生じる。しかも市場はさほど大きくない。同社のような技術力を備えた中堅・中小企業の出番だ。このほど写真の水素に対応できる防爆形紫外線炎検知器を開発するなど、技術革新への対応も怠りない。

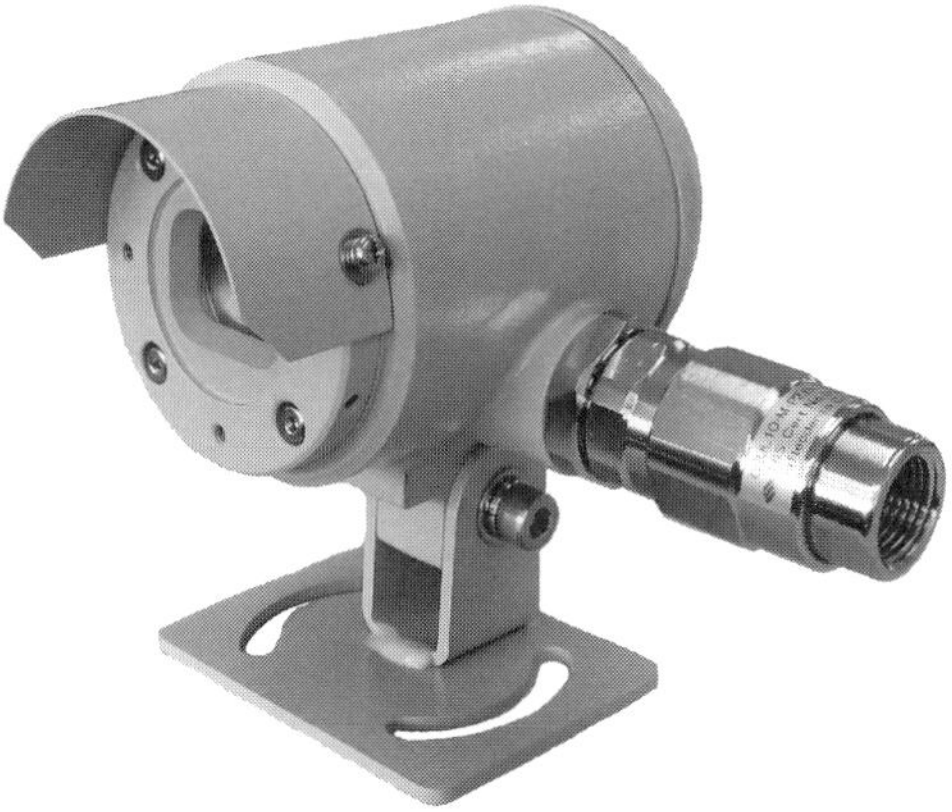

会社概要

本社所在地：佐賀県佐賀市高木瀬西 6-4-7
電話番号：0952-30-8141
創業年月：1946 年 11 月
業　　種：防爆制御機器
売 上 高：11 億 400 万円（2016 年 3 月期）
事 業 所：本社工場、東京支店、大阪支店、九州営業所

URL：http://www.ex-nakamura.co.jp/

ＩｏＴ搭載破砕機で未来を拓く

㈱中山鉄工所

中山鉄工所は電動自走式破砕・選別機や破砕・選別プラントを製造する。海外輸出実績は70カ国以上におよび、ナトム工法でのトンネル工事で使われるトンネル用ズリ破砕機は、国内シェア9割を超える。近年は機械設計でＩｏＴ（モノのインターネット）化を推進。〝自らモノを言う機械〟を作ることでメンテナンスサービス事業を強化する。

■ＩｏＴ技術でつながる機械を作る

中山鉄工所は１９０８年に創業した。当初はガス発動機・

社是・理念

「礎を誠で拓く技術の中山鉄工所」という企業理念を掲げる。世界のモノづくりはモノから付加価値を創造する時代に変化する。その実現のためには確かな技術力に裏打ちされたモノ作りが必要と捉えている。中山社長の経営は「会社の持つ技術と資産を最大限利用した勝ち方」を理想とする。競合大手に対する商品化スピードを速め、先行逃げ切り型を展開していく。

代表取締役社長
中山 弘志 氏

精麦機の製作工場だったが、中山社長の父中山安弘が破砕機へ展開した。現在はコンクリートなどの建設廃材を再資源化するリサイクルプラントや電動自走式の破砕機まで幅広く製造している。

ヒット商品の一つが電動自走式クラッシャ「DENDOMAN（デンドマン）」シリーズ。2012年に生産を開始して、これまで国内を中心に100台以上を販売した。

同社の製品は採石場など過酷な環境で使われる。そのため大きな収益源が販売後のメンテナンスサービス分野にある。実に売り上げの4割が販売後の修理や岩石を砕く歯など消耗部品の交換などである。これらはプリンターに例えるなら交換用インクだ。

だが、事業には競合がつきもの。また海外拠点を有していてもメンテナンスに割ける人員は限られる。そこで来る競合に備え、メーカーであることを強みに展開するのが

「デンドマン」シリーズの一つNE300J

通信機能を有した製品設計を行う

「N-Link」と呼ぶ機械のIoT化だ。

通信機器を機械に導入、機械の稼働状況やメンテナンス時期を分析することでユーザーに最適な稼働環境を提供する。AI（人工知能）を用いて故障原因を探る構想も掲げ、在庫管理の効率化などにつなげる構想もある。

IoT化だけでなく部品の購買活動に柔軟に対応。国内にのみ依存するのではなく、部品の善し悪しに応じて海外からも調達する。海外を輸出先だけでなく輸入先として位置づけることで、円高円安のどちらに転んでもそのメリット・デメリットを相殺できるよう体制を整える。そうすることで他社との差別化に取り組んでいる。

記者の目

製品開発力でトップをひた走る

佐賀を代表するメーカーとして「第1回佐賀さいこう企業」の1社に選ばれている。オフロード車に対する排ガス規制が強化された際は、電気系統に強い特徴を生かして振動や粉じんに対応できる発電機を自前で開発した。競合大手と同じ土俵に上がらず、常に先行する経営姿勢で次代を切り開く。

会社概要

住　　所：佐賀県武雄市朝日町甘久2246-1
電話番号：0954-22-4171
設立年月：1908年6月
業　　種：破砕機・選別機・コンベヤーなどの設計・製作
売 上 高：53億円（2016年2月期）
事 業 所：東京支店、大阪支店、名古屋営業所、シンガポール駐在事務所など

URL：http://www.nakayamairon.co.jp/

地域に根ざす確かな環境技術とサービス

日本建設技術㈱

日本建設技術は1953年にボーリング業として創業した。以後地質調査業をはじめとして地滑り対策工事・斜面安定工事・グラウト・法面保護工事、一般土木工事などに事業展開する。また、建設関連測量業・建設コンサルタント業・補償コンサルタント業などへ拡充し、一級建築士事務所としても活躍している。

■信頼と技術で行動

95年には環境時代を見越して、新エネルギー・産業技術

社是・理念

地球環境と地球環境の保護・保全および創出のために、建設環境を考慮した技術開発を研鑽し、廃資源の有効利用を促進し、省エネ・省資源に挑戦する。

代表取締役
原　裕氏

総合開発機構（ＮＥＤＯ）とリサイクル材の開発に着手。軽量盛土材として非吸水材の製品化を目指した。

まず、ガラス廃材を再利用した多目的環境材料「ミラクルソル」が完成した。きっかけは、バブル期に消費が拡大し大量に発生したワインの空きビン。全国で年間約２００万トン発生する空きビンのうち、１５０万トンが再処理されず処分されていた。ミラクルソルを開発してからは建設・土木に加え、廃棄物処理・リサイクル材メーカーとして事業を広げてきた。吸水性に優れた特性を生かし環境土木工法では、ＦＷＧ透保水性舗装工法や環境緑化工の屋上緑化や水環境工法の水質浄化にも活用できる「ミラクルソル工法」を用いて環境負荷の低減を実現させている。特に「ＦＷＧ透保水性舗装工法」は、透水性アスファルト舗装の下部に、ミラクルソルを保水層として厚さ10㎝～20㎝の層厚で布設する事により、実証実験では、約17度路面温度が低

本社社屋

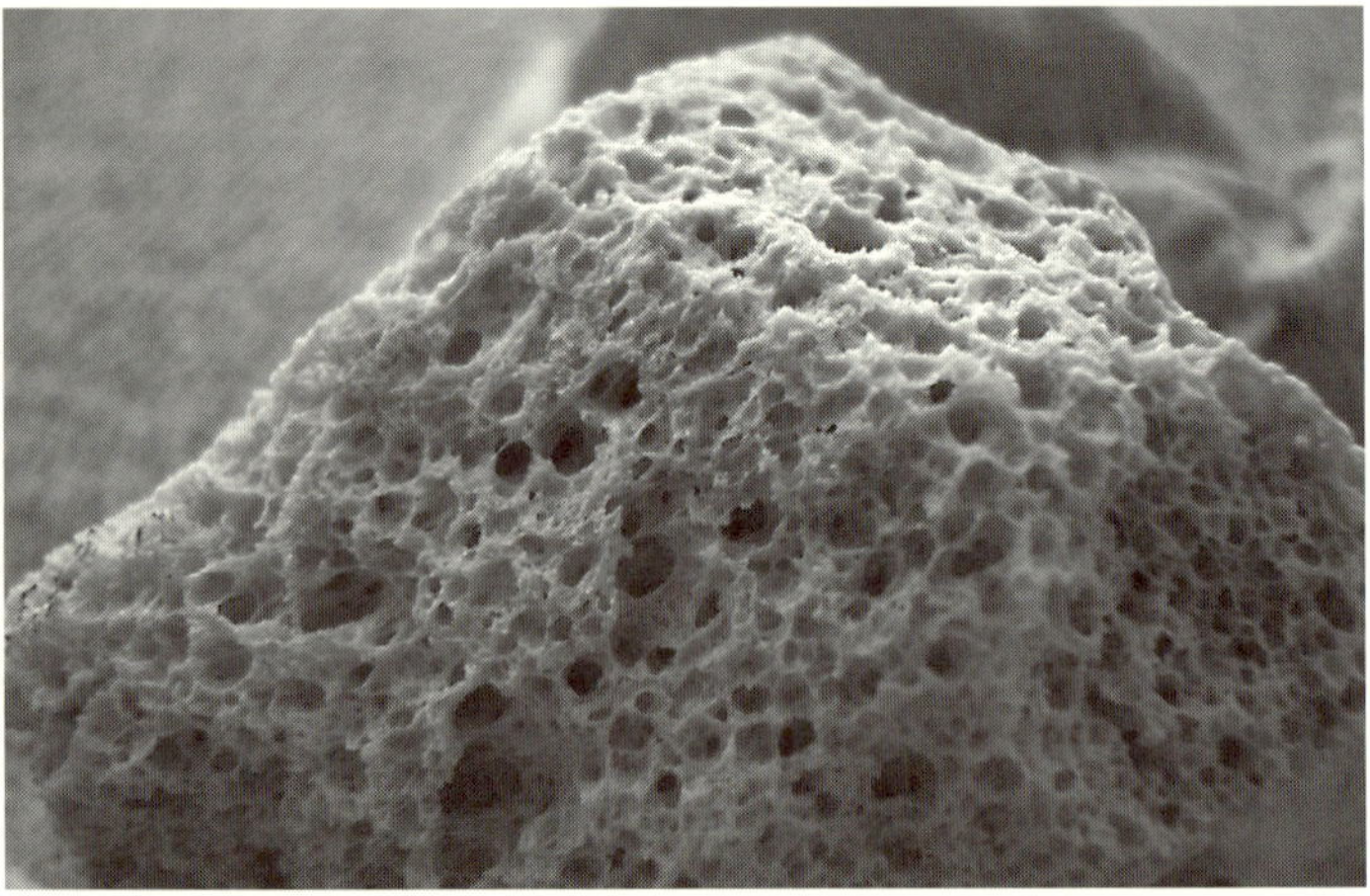
ミラクルソル水産養殖用ろ過材「クリスタルバイオ」

下し、その効果は約一週間持続できる。この工法は、確実に外気温度を低下させることができ、温暖化現象が続く今世紀にマッチした工法といえる。99年にはミラクルソル協会（東京都中央区）を設立し、全国の建設業者と新工法の開発や普及に努めてきた。

また、2011年からは二次加工時に発生する粉末から人工ゼオライトの本格製造も始めた。

現在、ミラクルソル水産養殖用ろ過材「クリスタルバイオ」、水槽用水質浄化材、ガーデニング用保水材、家庭用防犯砂利、脱臭剤、芳香剤などの製品をそろえている。国内、海外13カ国に商品と工法（現在は28工法が開発されている）が普及しており、ソフトウェア開発やホームページ制作のICT事業でも活動している。

記者の目

ミラクルソルで省エネ・省資源に

常に未来へのバトンとして「環境負荷の低減」を実現させている。その環境対策としての新未来材料である「ミラクルソル」は、まさに地域から世界貢献への奇跡の材料だ。

写真は、西海区水産研究所にある「生物ろ過槽」の内部。

会社概要

本社住所：佐賀県唐津市北波多徳須恵 1417-1

電　　話：0955-64-2525

設立年月：1962 年 5 月

業　　種：建設業、建設関連業、一級建築士事務所、IT 関連事業

売 上 高：20 億 8000 万円（2016 年 4 月期）

主な事業所：関東・福岡・長崎・佐賀・武雄・伊万里・有田・沖縄

URL：http://www.nkg-net.co.jp

粉末スープで成功　日本の台所支える老舗メーカー

宮島醤油㈱

宮島醤油は130年以上の歴史を持つ総合食品メーカー。自社ブランド商品と業務用加工食品、OEM（相手先ブランド）生産を手がけ、製造品数は3000種類に上る。全工場が食品の国際認証システムSQF（Safe Quality Food）を取得し、品質管理に妥協せず安全な食品を消費者に届ける。将来はアジア市場への参入も見据えている。

■企業のあゆみ

佐賀県唐津市で1882年に創業した。昭和初期に建て

社是・理念

「去華就実」の言葉に表される質素で誠実な社風を持つ。食品会社は消費者の信頼があって初めて成り立つ。流行の波が代わり続ける時代だからこそ、着飾ることなく真面目な姿勢で仕事に取り組む必要がある。経営では“技術立社”であることを大切に考えている。数多くの食品メーカーが存在する中で、きらりと光る当社でしか作れない商品開発を続けていく。

代表取締役社長
宮島 清一 氏

た本社事務所、白壁倉庫などは当時の風情を現代に残す。本社工場と妙見工場（佐賀県唐津市）、首都圏に近い宇都宮工場（宇都宮市）の3工場体制。3拠点で、しょうゆやみそといった発酵食品から「佐賀牛カレープレミアム」や「まぜこみご飯の素」などのレトルト商品まで製造する。

多様化する消費者ニーズに応えるため、食品製造加工技術、調味技術、充塡《じゅうてん》包装・殺菌技術の3項目で技術開発を進める。2005年には食品加工学、物理化学、微生物学を学ぶ「宮島技術学校」を社内に設立。物理化学を社長直々に教えることで個性的な食品作りへの土台を固める。また基礎研究こそ将来の経営の礎と考え、07年に基礎研究室を設置。高いレベルで味の分析ができる人工脂質膜センサーや高速液体クロマトグラフィーなどの装置を複数導入した。

同社の歴史は、うどんやちゃんぽん用の粉末スープの成

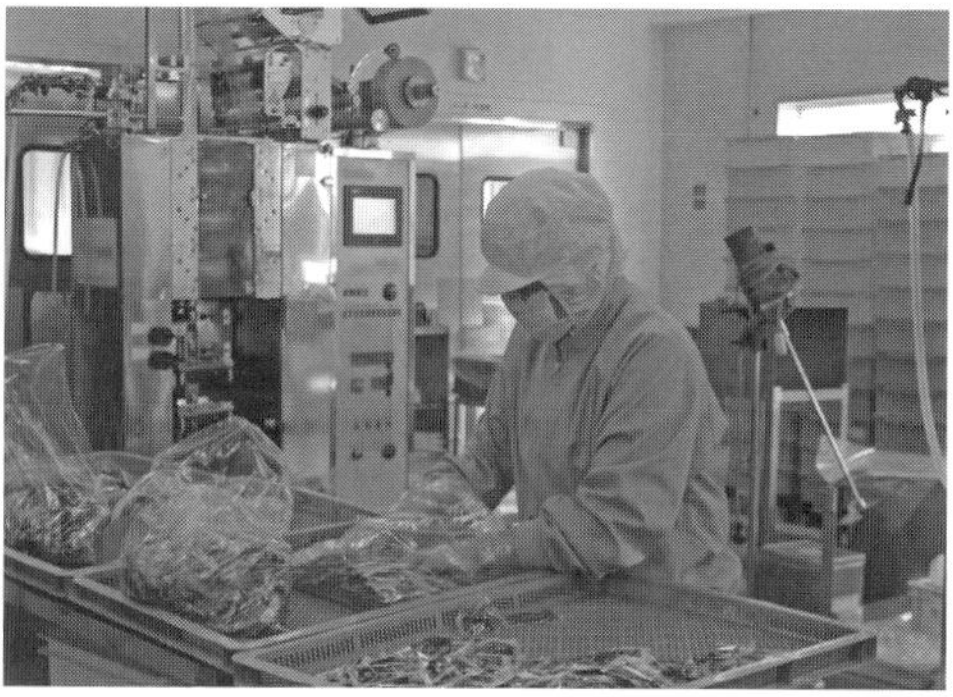

機械と手作業の分業が進む現場

毎時 1000 パックの生産能力を持つみそ充填《じゅうてん》機

功なくして語ることはできない。１９５０年代後半にはスーパーマーケットブームが訪れたが、その波に乗り遅れてしまった。結果、宮島社長は「個性で勝負するしかなかった」と振り返る。

また液体スープの味にもこだわった。消費者が好む薄味のスープは細菌類が集まりやすいため加熱殺菌が欠かせない。だが、加熱すると素材本来の風味が失われる。そこで無菌充填という製法を採用。削り節や昆布から抽出したスープを超高温殺菌（無菌処理）する。その後、クリーンルーム内で、あらかじめガンマ線を照射して殺菌を施した容器に充填する。加熱は最低限に抑え、無菌状態を確保した中で商品を詰める。最新技法によって製造した商品はヒット商品として同社の名前を世に大きく広めた。

記者の目

地域を大切に世界市場を狙う

近年は女性社員がアイデアを出し合った独身世帯向け洋風商品なども開発し、現代の生活様式に合った商品を展開する。高校生とのコラボで地域密着型の開発も進める。同社は 2015 年に欧州での食品見本市に社員を派遣するなど攻めの姿勢を持つ。販路拡大に向けた次の一手に注目したい。

会社概要

住　　所：佐賀県唐津市船宮町 2318 番地
電話番号：0955-73-2151
設立年月：1950 年 5 月
業　　種：総合食品メーカー
売 上 高：121 億 8000 万円（2016 年 12 月期）
事 業 所：妙見工場（佐賀県唐津市）、宇都宮工場（栃木県宇都宮市）、東京営業所（東京都千代田区）、名古屋営業所（名古屋市千種区）など

URL：http://www.miyajima-soy.co.jp/

高度な部品製造を支える
プレス機械メーカー

森鉄工㈱

森鉄工は1907年に創業。ユーザー仕様のオーダーメードで液圧プレス機械を設計製造する。主力製品は精密な自動車部品加工が可能なファインブランキングプレス(FB)。国内で80%、世界で30~40%程と高いシェアを占める。2015年10月には試作用プレス機を備えた研究開発棟「ものづくりlab」を開設。顧客が持つ製造課題に共同で取り組む。

社是・理念

森社長の座右の銘は「誠心誠意」。顧客の元へ足を運び「お客さんに合った機械を作ることが夢」と言明する。そのためにはモノづくりの蓄積が必須と考える。顧客とともに機械だけでなく金型や材料までを含めた知見を深める。「ものづくり lab」では機械のオペレーションまで学べ、有用性を発揮できる製品作りで土台を固める。

代表取締役社長
森 孝一氏

■プレス機械で世界のモノづくり支える

設立は1922年。森共同肥料として農業機器の販売に始まる。農機具を主力製品に事業を行っていたが、第1次オイルショックを機に20年以上にわたる三菱電機の重電部門の下請けとして培った技術を基に、プレス事業にシフト。81年にFBの国産化に成功した。顧客の現場ニーズを反映した製品作りで欧州競合メーカーと差別化。東南アジアや北米を中心に近年は欧州への納入も始め、15カ国250台以上の輸出実績を誇る。

2012年には日本塑性加工学会大賞を受賞するなど技術力に定評がある。技能検定の推進やOJT（オン・ザ・ジョブ・トレーニング）で高度な人材を育成。シリンダーなど製品の核となる部品などはほとんどを内製する。設計から製作、組み立て、納入据え付け試運転まで一括受注す

顧客と共に製品開発に取り組むため新設した研究棟

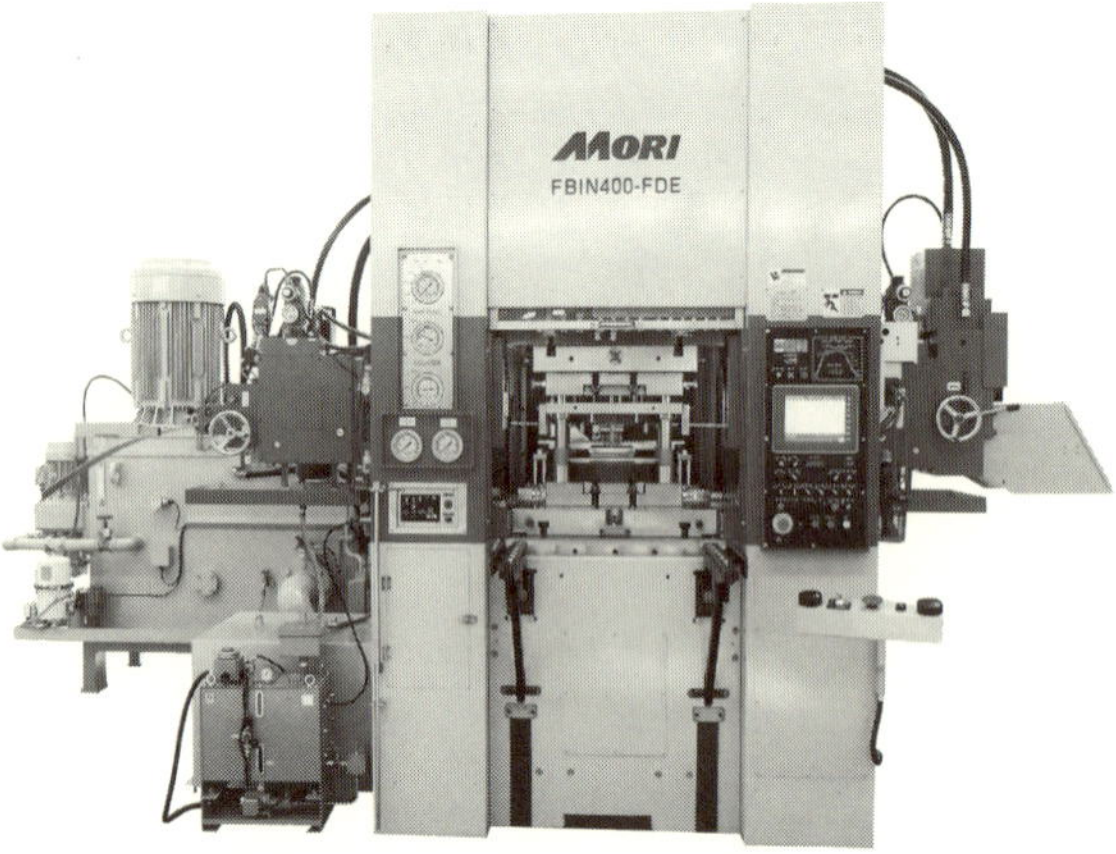

ファインブランキングプレスは自動車部品の製造に使われる

る「フルターンキー」方式に取り組む。

FBは自動車産業を中心に多様な業界で活躍。顧客にはトヨタ自動車やデンソーなど大手メーカーが名を連ねる。切削や研磨などの2次加工が不要で工程数削減や原価低減が可能。打ち抜き加工以外にも3次元形状の複合成型によって重要部品の製造現場で多く利用されている。

16年の販売実績は約7割が海外。自動車産業の生産水準が高まるのに比例して同社機械の導入も増える。今後は金型を含めた塑性加工分野での技術を高め、さらにお客さまごとに違うニーズに応える機械を作ることで差別化につなげる方針。またFBとともに多軸油圧サーボシリーズのワンショットフォーミングプレスや揺動鍛造プレスを将来の柱に成長させる考えだ。

記者の目

メンテナンス専用部隊を設置

創業100年を越す佐賀を代表する産業機械メーカー。FBの年間輸出台数では世界トップに迫る勢いだ。だが、その地位にあぐらをかくことなく、部品組立工場の改善や国内でのアフターサービス部門新設など企業努力を怠らない。FBだからこそできる特殊加工に注力することでさらなる成長を期待できる。

会社概要

本社所在地：佐賀県鹿島市大字井手2078
電話番号：0954-63-3141
創業年月：1907年3月
業種：各種液圧プレスや鍛造機械の設計・製造など
売上高：47億円（2016年2月期）
事業所：中部営業所、東京事務所、大阪事務所
海外／タイ、韓国、中国、カナダ

URL：http://www.moriiron.com/

金属表面改質技術で世界の企業の問題を解決する

滲透工業㈱

滲透工業は創業以来、金属材料の表面処理をはじめ耐火物、保温材を通し、産業界で必要な素材・製品を提供すると共に、低コストで課題解決する研究開発型企業である。

現在は、日本のみならず海外約35か国の製鉄所に自社製品を納め、又自動車部品・プラント部材等へ、カロライジング（アルミニウム拡散滲透処理）・クロマイジング（クロム拡散滲透処理）等の表面改質処理を行い、厳しい環境に耐える各種特性を有した金属製品を開発・製造販売するメーカーである。

社是・理念

『創造への挑戦』

真剣誠実に取り組み
創造力を働かせ
信頼に足る心技を
極める

代表取締役社長
西　亮氏

製造は、長崎、いわき、姫路の3工場で国内80％のシェアを持っており、海外はイタリア、インドネシアに製造拠点を持ち、欧州、東南アジアの製鉄所及び国内外の自動車産業等へ主力製品を供給している。

■常に最先端技術の一歩先を行く

社名の由来は、金属を金属の表面に滲み込ませる、所謂、『滲透する』事にある。

金属拡散滲透技術とは、鉄鋼やステンレス鋼、銅、超合金などの金属表面にアルミニウム、クロム、チタン、バナジウムなどの金属をガス状にして金属の表面に析出させ、更に内部に拡散滲透させて合金を形成し、剥離することのない強固な拡散滲透層を得る技術であり、耐高温酸化性、耐熱性、耐摩耗性等厳しい環境に耐える各種特性を有している。

自動車・バイク用チェーン

LEXUS用ターボ部品

世界に殆ど存在しないこの技術、これこそが「表面改質拡散滲透処理」技術である。この技術で多くの特許権や商標権があり、顧客が抱えるコスト・生産性・品質・素材選択などの問題に対し解決策として提案している。

２０１２年10月に、本社長崎工場に「Ｒ＆Ｄセンター技術開発室」を開設し、技術・用途開発を強化させている。

Ｒ＆Ｄセンターでは、光学顕微鏡等を使用した品質管理業務と併せてＥＰＭＡ（電子線マイクロアナライザ）を利用し、元素の同定及び濃度の分析を通して品質管理、調査・研究を行っている。社員全員が探究心を持ち世界に誇る「ＳＨＩＮＴＯ」に成長させていくのが目標だ。

記者の目

金属表面改質技術のパイオニア

主力製品のランスパイプや、製鋼用保温材は製鉄所で特殊鋼やステンレス鋼等鉄鋼製品製造に欠かせない製鋼用資材として国内外でも重宝されている。また、金属表面処理技術により、自動車部品等の他、ごみ焼却炉などの高温・腐食環境での金属部材、設備部材の「寿命延長」に貢献している。工業所有権は50数件を有し、産業界の様々なニーズに応える金属表面改質技術のパイオニアだ。

会社概要

住　　所：長崎県西彼杵郡時津町久留里郷376-10
電話番号：095-882-0630
設　　立：1953年4月
業　　種：金属製品製造業
売　　上：46億円（国内のみ）（2016年3月期）
事 業 所：本社及び長崎工場、いわき工場、滲透工業姫路
海外／イタリア、インドネシア

URL：http://www.shinto-lance.co.jp

FAシステムで培った技術を農水産業へ展開

宮本電機㈱

宮本電機は大手FAメーカーで設計に携わった宮本憲社長が1979年に立ち上げた比較的新しい企業だ。

家電や自動車などの製造ラインを得意としており、設計から製造、電気配線工事、試運転、調整、メンテナンスまで一貫して手掛けている。FA技術をベースにして、さまざまなプラントの制御、公営住宅や上下水道、クリーンセンターの電気設備の設計から製作、電気工事まで守備範囲が広がった。

最近では「水処理プラント・リサイクルプラントなどの

社是・理念

企業理念は「我々は世界に通じる企業として優れた創造力と豊かな人間性を持って勇敢に技術革新を追求し活力とゆとりある社会の繁栄に貢献する」。社員の技術力向上が企業成長のカギだと認識し、社員教育に力を入れるとともに、優れた創造力を養おうと考えている。そのためには豊かな人間性を育むことも重要との思いでこの理念を作成した。

代表取締役
宮本 憲 氏

プラント制御、環境関連などの比率が増えている」（宮本社長）という。

2002年には本社工場を佐世保テクノパークに移転。熊本支店（熊本市）、北九州支店（福岡県北九州市）と併せ、九州全域をカバーする体制を敷いている。

■株式公開を視野に

自動化、省力化ニーズは業種の垣根を越えて高まりを見せている。同社がもっとも注目するのが農水産業などの一次産業。高輝度LEDを用いた集魚灯システムを長崎県工業技術センターなどと共同開発。17年春にも実用化する。主に、イカ釣り漁業を対象にしたシステムで、集魚効果や省エネ効果が期待できる。多くの魚類は海中に到達する青緑系の光に反応する習性があり、このLED集魚灯はこの習性を利用した集魚方法だ。

本社工場内

飼料配合プラント中央監視盤

また10年に完成した植物工場システムは完全自動制御型で、天候に左右されない、農薬を使わないなどの特長がある。付加価値の高いマンゴー栽培の実証実験も行っている。家庭を対象にした小型の栽培システムも開発済みだ。

さらに水質調査や生態調査に適した多機能型水中ロボットなどユニークな製品もある。環境分野の取り組みとして、小水力発電や太陽光発電の制御システムにも力を入れており、守備範囲を広げている。

宮本社長は「これまで培った二次産業（FA）の技術を一次産業の農業・漁業に応用して一次産業の中の二次産業に特化したい」と抱負を語る。今後の目標として、株式の公開を視野に入れている。

記者の目

連携拡大で事業の幅広げ

工場の自動化、省力化の制御システムを主力としつつ、早くから店舗や公共施設などのSA（ソサエティ・オートメーション）分野に力を入れてきた。さらに農業や水産業などにも展開している。これらの分野は自動化、省力化がさほど進んでおらず、可能性を秘めている。ただこうした新しい分野のニーズを吸い上げ、事業につなげるのは簡単ではない。異分野の企業や公的機関との連携が不可欠だろう。

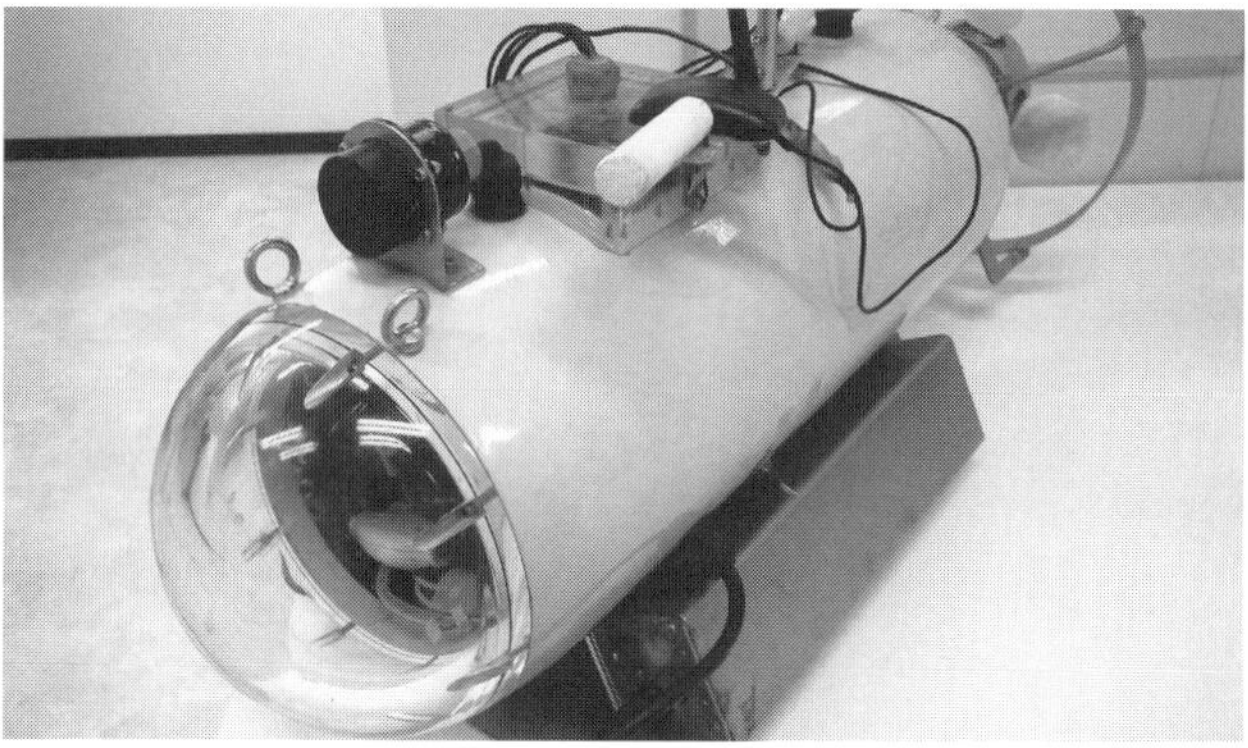

会社概要

本社所在地：長崎県佐世保市三川内新町8-9
電話番号：0956-20-3103
設立年月：1979年7月
業　　種：電気機器製造業（制御システムの設計、製作、工事）
売 上 高：約11億1000万円（2016年6月期）
事 業 所：佐世保、熊本、北九州、上海

URL：http://www.miyamoto-dennki.co.jp/

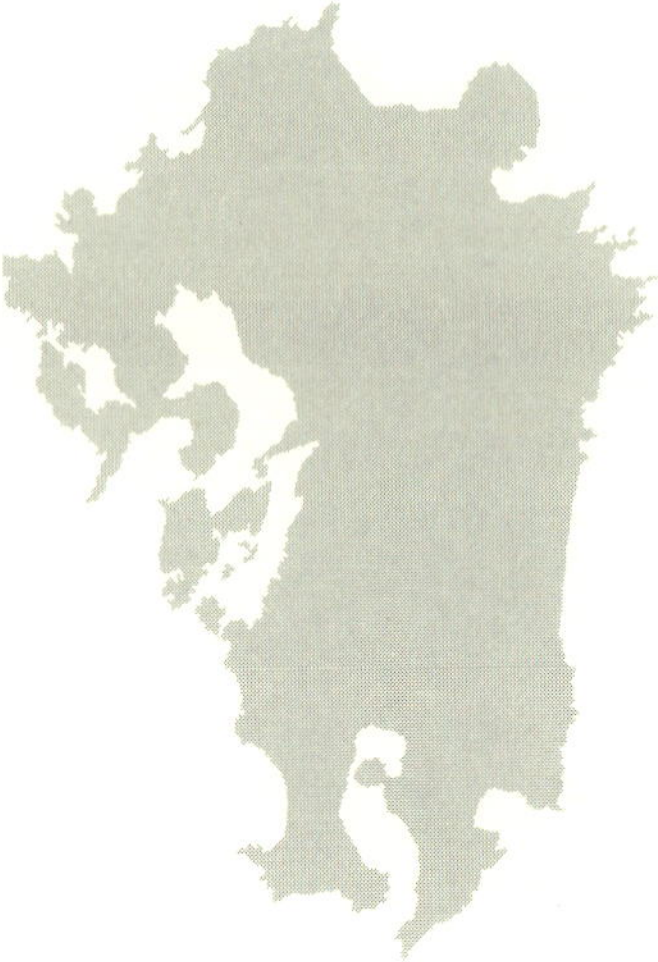

第3章

大分 鹿児島 熊本

日本のモノづくりを支える 九州の元気企業45社

ニッチトップを目指し新事業創出

㈱池永セメント工業所

「ニッチトップを目指し自社の新たな方向性を見いだすのが自分の役割だ」。2013年に社長に就任した池永セメント工業所の池永社長はそう意気込む。これまで大分県内のインフラ整備に注力。地域の発展とともに成長してきた。だが公共事業の減少により土木建築業界は変革期にある。まさに、時代の荒波を敏感に読み取る挑戦が始まった。

同社は側溝などを手がけるプレキャストコンクリートメーカー。創業は1957年。2017年4月に創業60周年を迎える。戦後、プレキャストコンクリートの製造に乗

社是・理念

経営理念は「進取」「誠実」「スピード」を掲げる。重要な公共インフラや民間資産の構築に携わる担い手として、新しいものを積極的に取り入れ、誠実、速やかに実行する。今後は土木向け製品の供給に留まらず、民間住宅などの防災や減災、資産保全をキーワードに顧客の安全、安心を守る商品開発に取り組み、国土の安全に尽力する。

代表取締役社長
池永 征司氏

り出し、県内の同業者に先駆けて街路型長尺側溝を開発。国や県が公共事業を積極的に後押しする時代の波に乗り、安定経営の礎を築いた。

■住宅関連分野参入で活路

だが01年を境に潮目が変わった。公共事業の削減方針を政府は打ち出した。業界全体が縮小傾向にある中、公共事業への依存度を下げるべく12年度に住宅関連分野へ参入した。新事業の柱に目をつけたのは耐震木造住宅向け基礎コンクリート。プレキャスト化を実現した県外同業者と技術供与契約を結び量産、営業体制を整えた。「既存の現場打ち工法と比べて天候に左右されない。工期を半分に短縮、耐震性を向上できる」(池永社長)。

さらに大分大学と共同で自己修復型プレキャスト鉄筋コンクリート杭「家のねっこ」を開発した。地震などによる

住宅基礎コンクリート「クイックベース」の施工現場

自己修復型プレキャスト鉄筋コンクリート杭の施工

地盤沈下を防ぐ住宅用地盤改良製品で地盤補強工法と合わせて県内のハウスメーカーなどに提案する。16年度は約100棟販売し約8000万円の売り上げを目指す。

特徴は大分大発ベンチャーが開発した長寿命、高耐久性のコンクリート用混和材「CfFA」を原料に混ぜ、コンクリート組織を緻密化し耐久性を高めた。荷重をかけて杭を打ち込む圧入式地盤補強工法を採用、「地盤補強の見える化を実現した」（池永社長）と胸を張る。

臼杵工場（大分県臼杵市）にはコンクリート杭専用ラインを整備した。17年度は200棟、18年度は県外へ展開し400棟の販売を目標に掲げる。将来は製造と施工のライセンス契約を同業者と結び、製品普及を目指している。

記者の目

「ニッチ分野で強み発揮」

ニッチな分野で地場中小企業の強みを最大限発揮する―。2013年に3代目社長に就任した池永社長は住宅関連事業の構築に闘志を燃やしている。時代の流れを見極める視線の先には業態変革も恐れず挑戦する覚悟だ。社長に就任して約3年が過ぎた。地震などの災害に備え、暮らしの安全、安心を足元から見直す池永社長の今後の奮闘に期待が高まる。

会社概要

本社住所：大分県大分市中戸次4763
電話番号：097-597-3113
創業年月日：1957年4月
業　　種：プレキャストコンクリート製造販売
売 上 高：約9億2000万円（2016年5月期）
事 業 所：大分県（本社工場、臼杵工場、ブロック工場）
熊本営業所

URL：http://www.i-cem.jp/

ちょうちん作りで障がい者雇用の道照らす

㈱宇佐ランタン

宇佐ランタンはビニール製ちょうちんメーカー。風情彩る紙ちょうちんが持つ和の心を残しつつ、耐久性に優れたビニール製を開発。伝統工芸品ではなく工業製品のちょうちんを作り続け、国内トップシェアの地位を築いた。既成概念にとらわれず、ちょうちんに魂をともすモノづくりは業界内で旋風を起こしてきた。創業は1973年。祭事などで使うちょうちんは屋外の利用が多いため風雨に強い耐久性が求められた。そこでビニール製を開発。同時に職人による家内工業の生産形態を見直し、量産技術を確立した。

社是・理念

知的障がいを持つ社員と同じ目線に立ち、自信に満ちた働く意欲と喜び、信頼を相互に分かち合う理想の職場作りを追い求めている。日夜ちょうちん作りに改善を惜しまず、商品を通して地域の活性化や障がい者雇用の道を照らすとともに風情彩る日本の和をともすちょうちん産業の明かりを次代へと引き継ぐ後継者を育てている。

代表取締役社長
谷川 実氏

近年は企業の宣伝用品や室内装飾品への需要が増え、ちょうちんの通年商品化を実現した。現在、年間約25万個のビニール製ちょうちんを生産販売し、一部は輸出する。

■障がい者雇用で量産技術確立

ちょうちんの工業製品化は試行錯誤の連続だった。工場で働く社員の6割は知的障がい者。障がいを乗り越え能力をフルに発揮できる職場づくりには、並々ならぬ思いが詰まる。障がい者雇用のきっかけは自立訓練施設からの相談だった。81年に知的障がい者を採用。戸惑いながらも彼らが働く意欲と自信を持てる職場づくりを追い求めた。

通常、ちょうちん作りは熟練技能を持つ職人が木型を組んで骨組みとなるひごを巻き、生地を張って乾燥させる。これら一連の作業を知的障がい者が担当する。職人が一人で行う生産工程は木型組み、生地張り、乾燥の三つに分業

全国に出荷される
ビニール製ちょうちん

ちょうちん作りの「張り工」として知的障がい者が活躍する

化。それぞれに担当者を配置した。前傾姿勢で肉体的、精神的疲労を伴うひご巻き作業などは自動化する。84年には大分県宇佐市に工場を新設した。

これらの抜本的な改善と工場生産への移行により作業負担を大幅に軽減、生産性を向上した。「何より補助することなく、安心して持ち場を任せる環境ができた」と創業者の谷川忠洋会長は胸を張る。「理想の職場環境づくりは、まだ道半ば」と谷川会長は言う。だが社員が生き生きと働く姿に確かな手応えを感じ、その目にはちょうちん産業の明かりをともす後継者として頼もしく映る。2代目の谷川社長は「社員の成長、自立こそ、障がい者雇用の未来を照らす光だ」と訴える。

記者の目

ちょうちん業界に新風を

谷川社長が受け継いだ教訓、それは、「既成概念にとらわれない」「環境の変化に柔軟に対応する」の2つ。いずれの言葉も企業が生き残るために必要とする谷川会長の口癖だ。2015年には耐水加工を施した紙ちょうちんを発売した。ビニール製では出せない紙本来の温かい味わいを取り戻した新商品は、素材だけでもさまざまな用途に応用できる可能性を秘める。ちょうちん産業を守りつつ、業界に新たな新風を起こす同社の次なる挑戦が楽しみだ。

会社概要

本社住所：大分県宇佐市橋津29-4
電話番号：0978-37-1584
設立年月日：1973年11月
業　　種：ビニール製ちょうちん製造・販売
売 上 高：約1億6000万円（2016年9月期）
事 業 所：大分県宇佐市（本社、工場「ランタニクス'90」）

URL：http://www3.coara.or.jp/~lantern/

印刷技術を武器にソリューション・プロバイダーへ

佐伯印刷㈱

なぜ地方の印刷会社が白書の印刷を手がけているの？「顧客からまず驚かれるのが白書の印刷だ」と佐伯印刷の平岩社長はほほ笑む。白書は国の中央省庁が発行する報告書。短期間で制作し、ミスが許されないため、編集の早さや正確性が求められる。それだけに高水準で確かなデスクトップパブリッシング（ＤＴＰ）技術や校正・校閲体制が、コンプライアンスを厳守する同社が誇る全サービスの源泉だ。大分県に本社を構え、白書の印刷を毎年受注し続ける同社の創業は１９４１年。２０１６年に75周年を迎えた。

社是・理念

常に改善・創意工夫の意識を持つ。ベースである印刷業務で培った確かな技術力を武器に、最新技術を取り入れ、顧客に喜ばれる、より良い提案活動に取り組んでいる。これまでも、そしてこれからも同社は顧客に「そうだ。佐伯印刷に聞いてみよう！」と、心から頼りにして頂けるオンリー・ワン企業を目指している。

代表取締役
平岩 禎一郎 氏

東京や福岡、大分の各地域に次々と営業所を開設。印刷業を通じて地域の活性化に取り組んできた。

本社印刷工場には企画・デザイン部門やデジタルコンテンツ部門を設置。顧客ニーズに応えるソリューション室も新設した。顧客が抱える課題を解決する「ソリューション・プロバイダー」を目指し、印刷業を軸としたワンストップサービスに力を注いでいる。

■改善・創意工夫で業態変革

「これまでの印刷業は、お客さまが用意した原稿を間違いなく印刷すれば十分だった。しかし、近年はそれだけでは十分とは言えない」と平岩社長は振り返る。

同社は従来の印刷業務に限らず、マーケティング志向のプランニングやコンテンツ作成などを企画・制作。効果測定などのアフターフォローまでワンストップで対応する。

中央省庁の白書を受注

活躍の場を広げ、アイデアを形にする企画会議

急増するインバウンドの観光客に対応したパンフレットや〝ドローンによる空撮〟、紙媒体にインターネットを介して紙面以上の情報を付加する〝AR（拡張現実）サービス〟などにも果敢に挑戦する。平岩社長は「お客さまに喜ばれる体制ができた」と胸を張る。

印刷業界は、既存の仕事への取り組み方や考え方を転換する時期に来ている。まさに「業態変革が必要だ」（平岩社長）。変革するには社員全員の気持ちを一つにして、「常に改善・創意工夫を続け、社員全員で会社を支える気持ちが重要」と訴えている。男女・年齢の比率に偏りがない社員構成の同社。さまざまな意見を取り入れ、アイデアを形にする風通しの良い雰囲気も強みの一つだ。

記者の目

確かな技術力と信頼が武器

大分県を代表する印刷会社に成長した佐伯印刷。インターネットの普及により社会構造が大きく変化する中で、確かな技術と信頼を武器に県内外で活躍の幅を広げている。25 年後は創業 100 周年目を迎える。顧客同士、顧客とサービスの交流を活発にし「つながり」を「ひろがり」へと変える同社の挑戦から今後も目が離せない。

会社概要

本 社 住 所：大分県大分市古国府 1155-1
電 話 番 号：097-543-1211
設立年月日：1941 年 10 月
業　　種：印刷
売 上 高：約 14 億円（2015 年 12 月期）
事 業 所：大分県内 4 拠点・東京・福岡

URL：http://www.saiki.co.jp/

得意とするデザインエンジニアリングで未来製品を設計

㈱ターボブレード

ターボブレードは流体機械の受託開発設計、産業機器の熱流体解析を得意とする。水力や地熱発電所のタービンなどを数多く手がけてきた。小水力発電や温泉の熱水と蒸気を利用したトータルフロー発電「湯けむり発電」を開発設計。同発電は台湾で導入が進むなど、海外展開の足がかりをつかんだ。今後はインダストリアル・デザイナーとして、これまで培った技術を生かし未来製品の設計を目指している。

社是・理念

「顧客の立場に立った流体機械の設計と熱流体解析」に取り組むが理念。インダストリアルデザインで家電や自動車、飛行機械、エネルギー機械などの流体製品の全体構想を設計し、実際のエンジニアリングで造れる構造と動作機構を検証。シミュレーションで性能と機能を確認する未来製品の設計を目指している。

代表取締役
林　正基氏

■ドローンの受託設計目指す

ＩｏＴ（モノのインターネット）を用いた次世代産業の代表格として注目される飛行ロボット『ドローン』。災害現場や農薬散布など活躍の場は広がっているが荷物を運ぶ産業用はこれからだ。ドローン人気を一過性に終わらせることなく、市場を盛り上げるには「何より設計段階から高性能と安全性の確保が必要」（林社長）と訴える。

「市販ドローンは既成部品の組み合わせが多く、空気の流れを詳細に解析して設計するケースが少ない」（同）とも指摘。安全性に着目すると「プロペラなど流体部の設計は自社の強みが発揮できる分野だ」とみている。

そこで空気の流れをシミュレーション。浮力が大きく、安全性を確保するドローンの受託設計に乗り出した。提案するのは「中型」と呼ばれるヘビードローン。最大約１０

実験する湯けむり発電システム

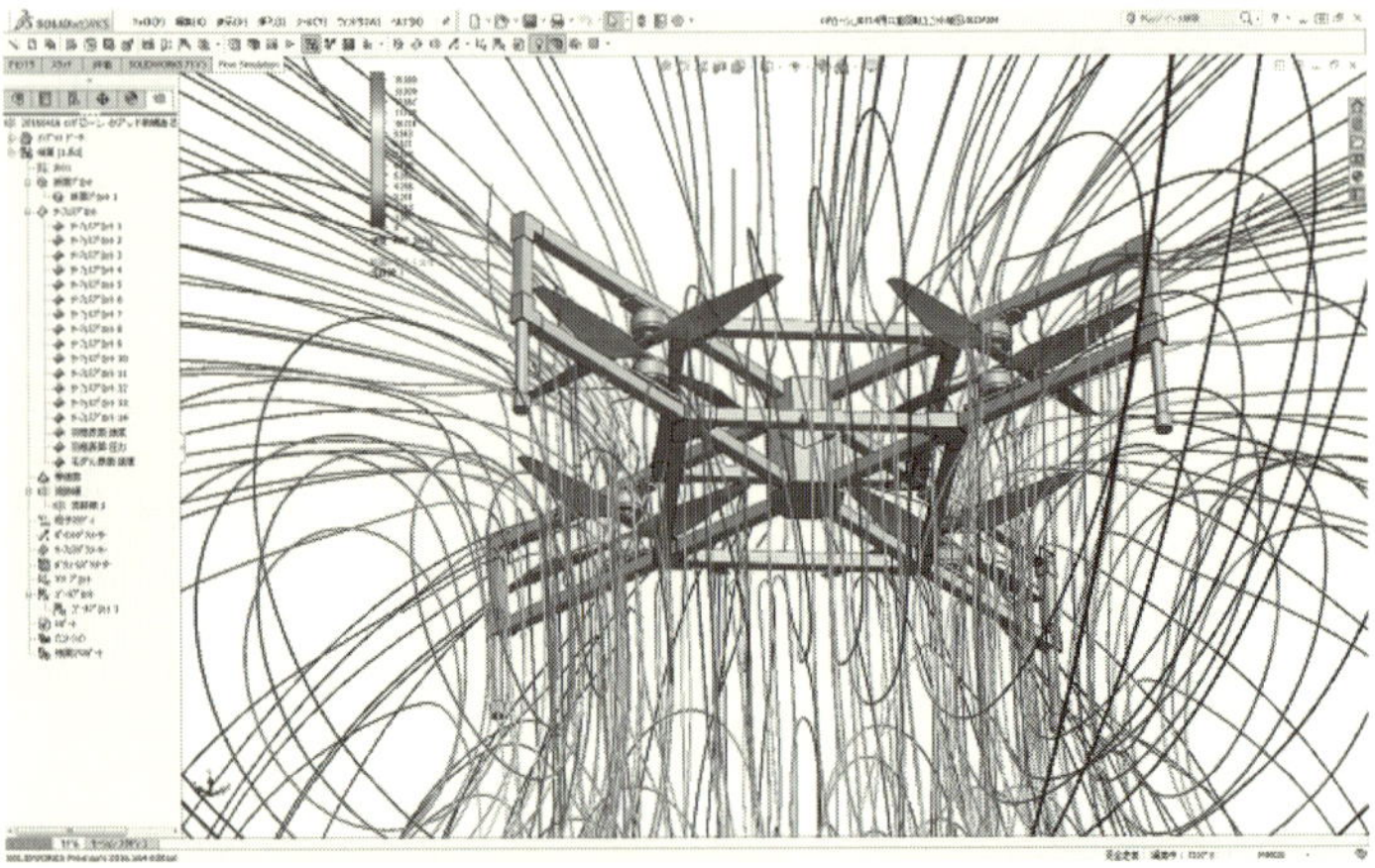

簡素型二重反転プロペラ産業用ドローン流れ解析

０kgの荷物搬送を目指す。製作する試作機は上下一組のプロペラを相互逆方向に回転させる二重反転機構を採用する。プロペラを含む直径は約１ｍ。高さは約40cm。機体重量は約40kg。揚力は約１４００ニュートン。電池式で荷物を積載した飛行時間は約1時間を見込んでいる。機体材料にアルミニウムを使うと、カーボンを使う市販ドローンより「3分の2程度コストを抑えられる」（林社長）としている。

約５００kg以上の荷物を搬送できるドローン用ガスタービンエンジン開発の構想も描く同社。「3年後はドローンや油圧ロボット関連の設計数が、既存の流体機械設計数と並び、全体の半分になるまで比率を引き上げたい」（同）と意気込んでいる。

記者の目

活躍の場は大分から世界へ

大分県で1999年に創業した。社員10人未満と小規模だが、国の海洋研究開発機構（JAMSTEC、神奈川県横須賀市）と採掘用ターボドリルの実験を進め、大手電力会社や自動車メーカーなどから設計受託する技術力に裏打ちされた実績と信頼がキラリと光る。近年は海外からの設計依頼も増えている。「ビジネス英語を習得中」と笑顔で返す林社長の活躍の場はさらに広がりそうだ。

会社概要

本社住所：大分県大分市小野鶴183番地2
電話番号：097-574-6071
設立年月日：1999年2月
業　　種：流体機械の開発・設計と熱流体解析
売 上 高：約1億2000万円（2015年10月期）

URL：http://www.turboblade.jp

やさしさをカタチに

徳器技研工業㈱

徳器技研工業は医療・福祉介護機器のメーカー。徳永社長は「医療健康に技術で貢献する会社を目指す」と意気込む。自動で、たん吸引できる気管内たん吸引器を開発、販売する。難病者の身体的負担を和らげ、家族にかかる介護負担を軽減するモノづくりには「やさしさをカタチに」という、徳永社長の情熱が注がれている。

■気管内たん吸引器開発

気管内たん吸引器は患者や医療関係者との信頼関係の中

社是・理念

難病者のための支援機器開発を目指して創業した。以来、「技術を基本」に介護・福祉・医療機器の研究開発に取り組む。今後も利用者の声を聞いてニーズを発掘。利用者の身になって良い商品を開発する。また利用者のことを思い、心のこもった商品を生産。利用者の身近な支援者として商品を提供し、利用者の心強い仲間としてサービスする。

代表取締役
徳永 修一 氏

から生まれた。筋萎縮性側索硬化症（ＡＬＳ）患者の在宅医療で訪問診療を行う医師から「人工呼吸器をつけた患者と介護する家族が患者のたん吸引で苦しんでいる。介護負担を軽減するのに自動化できる吸引器はできないか」との相談を受けた。

ＡＬＳは体を動かす神経系（運動ニューロン）が変化する病気。進行するに従い運動障害や呼吸障害などが生じ、患者は人工呼吸器を必要とする。1～2時間おきに気道に溜まるたんを手作業で吸引しなければならず患者と介護者の負担は大きい。

そこで患者の呼吸に影響しない小流量で連続吸引するたん吸引器を開発した。最大吸引圧力は80キロパスカル、1分当たりの最大吸引流量は16リットル。吸引チューブの吸引孔をカニューレの内側に一体化させたことで、患者の気管粘膜に吸着しない安全性を確保した。

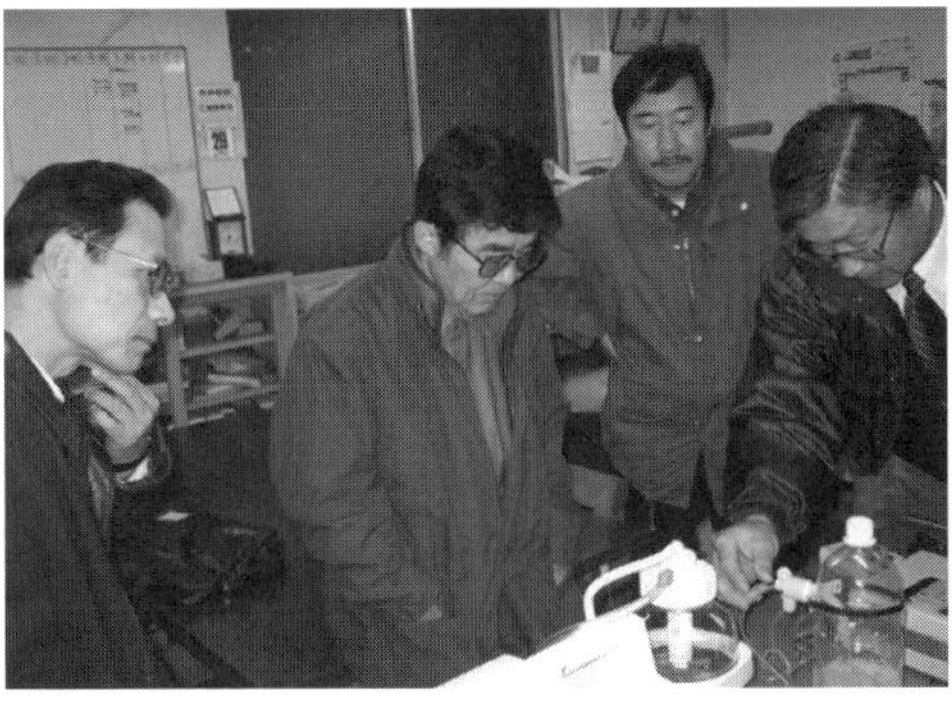

気管内たん吸引器開発に向け医師らと何度も会合を重ねた

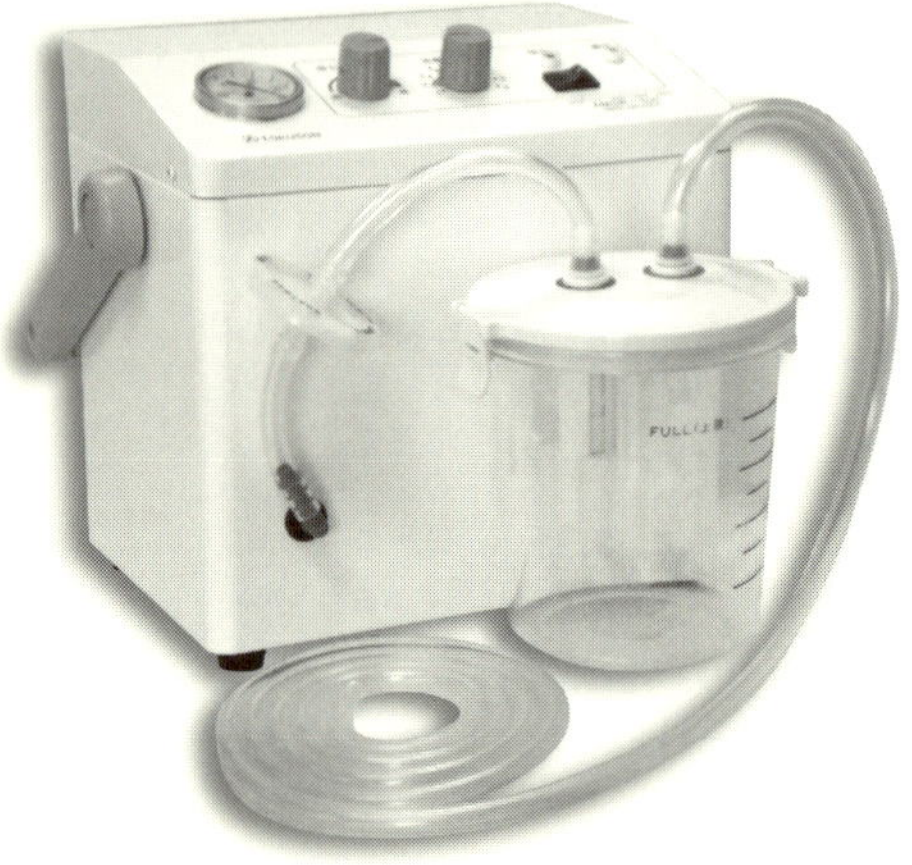

気管内たん吸引器

病院などで導入が進む同社のたん吸引器。導入した病院によると、市販機器の1日の吸引回数を平均17・5回から2・9回まで減らせるため「患者がぐっすり眠れる」「介護の負担が軽くなった」と利用者の喜ぶ声が寄せられている。

全国にはALS患者が約5000人。たん吸引を必要とする高齢者や障がい者を含めた機器利用者は約5万人に昇るという。高齢化が進むにつれ機器需要は高まると予測されるだけに「普及に力を入れ、ブランド力を高めたい」（徳永社長）と先を見据える。

大分、宮崎両県では「東九州メディカルバレー構想」を策定。産学官で医療機器産業の集積を推進している。この追い風を受け、患者に寄り添う機器開発に力を入れる。

記者の目

利用者の笑顔を創る機器開発

ALS患者との出会いから患者や介護する家族に寄り添う機器開発を目指す徳永社長。2017年で創業20周年目を迎える。気管内たん吸引器や電源不要の足踏み式吸引器、カフ圧調整器などを産学連携して精力的に開発する。今後は海外にも視野を広げる考えだ。生涯現役で利用者の喜ぶ笑顔を創る徳永社長の機器開発に目が離せない。

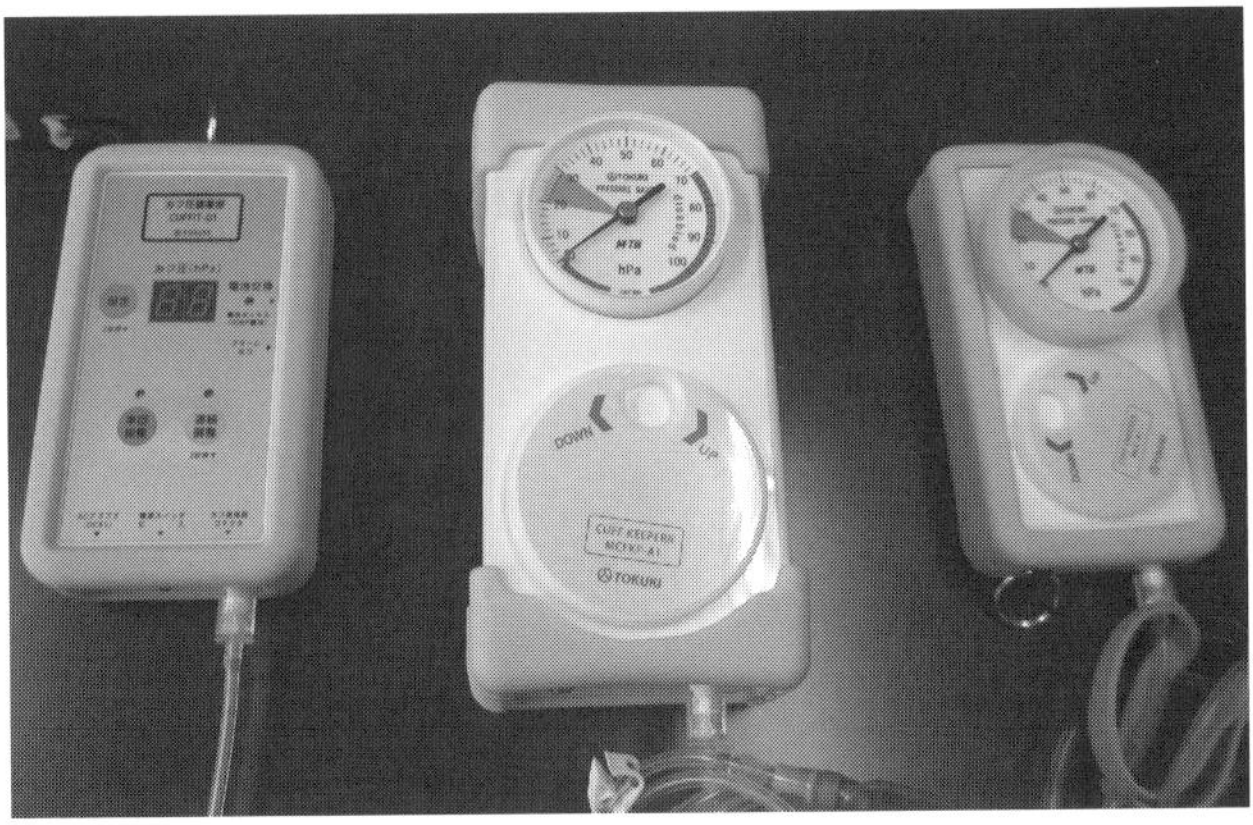

会社概要

本社住所：大分県宇佐市大根川318番地
電話番号：0978-33-5595
設立年月日：1997年5月
業　　種：医療・介護・福祉機器製造販売
売上高：約2億円（2016年6月期）
事業所：東京オフィス（東京都葛飾区）

URL：http://www.tokso.net/

奄美産シルクで世界中の美と健康を追求

㈱アーダン

アーダンはシルク由来の高純度化粧品メーカー。西社長は２０１１年に母親で創業者の西里依《さとえ》現会長から事業を引き継いだ。創業以来、シルクのアミノ酸組成に着目。独自技術により界面活性剤を使わない低刺激化粧品と関連商品の開発を続け業績を伸ばし続けている。

シルクは人と同じたんぱく質で形成されており、肌との親和性が高い。同社の商品はシルク含有率が最大で85%以上というのが特徴だ。東京や関西の大手百貨店の催事や通信販売で人気商品となりリピーターを増やした。

社是・理念

「シルクとともに歩む」

代表取締役
西　博顯 氏

13年に〝美容先進国〟フランスのリヨン市に現地法人『アーダンフランス』を設立。パリで開かれる化粧品展示会に3年連続で出展した。16年からEU圏向けテレビ通販も始めた。アジアでは中国や台湾の他、マレーシアなどでの商品展開も進めている。

■高機能シルクの研究開発に注力

同社の強みは研究開発力だ。医学研究者でもある西社長はシルクの持つさまざまな高機能性に早くから着目。鹿児島大の金蔵拓郎教授とシルクの創傷被覆材の研究による特許を出願。シルク人工血管研究の第一人者である東京農工大の朝倉哲郎教授とは再生医療素材としてのシルクの可能性を追求する共同研究に取り組む。

西社長が追い求めているテーマがもう一つある。それは故郷奄美の養蚕業の復活と地域経済活性化だ。このテーマ

鹿児島県奄美大島にある龍郷工場

200人が出席した「シルク・サミット」の様子

を探るべく16年11月、第18回目を迎える『シルク・サミット』が奄美市で開かれた。主催は農業・食品産業技術総合研究機構や大日本蚕糸会、岡谷蚕糸博物館など国の研究機関や蚕糸の関連団体。初の奄美開催をコーディネートしたのは西社長だった。県外も含め産官学約200人の参加者があった。西社長は「新蚕業創出に向けて今までにない手応えを感じた」と胸を張る。

13年、龍郷町に工場を新設し、医薬部外品製造許認可を取得した。「高機能シルクの生産と商品化について国の許認可を得ることができれば、更に研究開発に弾みがつく」(西社長)。原材料調達からシルク由来の医薬部外品の商品化を目指す。熊本県の桑生産農家や関西の商社との連携など推進中だ。

記者の目

医薬分野への可能性に期待

アーダンは産官学によるコンソーシアムを組織し、医薬分野で原材料として用いられる、より高機能なシルクの研究開発を推進している。その成果を国際競争力を持つ奄美産の農産物として製品化する構想だ。「奄美は高機能シルクを作り出す蚕の種の保全と量産の最適地」（西社長）。研究開発は既に成果を揚げつつある。実現に期待したい。

会社概要

本社所在地：鹿児島県奄美市名瀬和光町 7-8
電話番号：0997-54-2378
設立年月：1995 年 7 月
業　　種：シルクに特化した化学製品製造業
売 上 高：4 億 5000 万円（20017 年 6 月期予測）
事 業 所：熊本支店、京都支店、東京営業所、龍郷工場

URL：http://www.adan.co.jp

表面処理を進化させる

㈱オジックテクノロジーズ

オジックテクノロジーズは一般的な表面処理にとどまらず、電気めっき技術を生かした電気鋳造（電鋳）での精密部品製作も行う表面処理業者。半導体では次世代パワー半導体用セラミックス部品などの表面処理を手がけ、欧州を中心に海外ニーズも持つ。液晶製造装置やデジタル家電、自動車、ロボットなど多様な部品に対応。常に複数テーマの技術開発を行う研究開発型企業で熊本大学や産業技術総合研究所との共同研究も実施している。有機エレクトロ・ルミネッセンス（ＥＬ）に関連した事業化にも取り組む。

社是・理念

企業目標は「株式会社オジックテクノロジーズは、表面処理技術を通して、人々のしあわせを創造します」。基本理念に「考えよ」「願望を持て」「社会に貢献し充実した人生を」の三つを掲げる。「考えよ」とは、顧客の立場で物事を見つめて研究と創造に心を燃やすなどの意味を込めている。

代表取締役
金森 秀一 氏

■部品を作る精密電鋳

精密電鋳はフォトリソグラフィー（露光）と電鋳工程からなる。微小電気機械システム（MEMS）分野を目指して技術開発を進めた。現在、200μm（マイクロは100万分の1）の膜厚が作れる。滑り性などを特徴とする自社開発めっき（ニポリン）や金めっきとの組み合わせが可能。専用ラインで生産し、産業用インクジェットプリンター部品や電子顕微鏡など精密計測機器部品に使われる。医療用MEMS部品への展開も検討中だ。

その他、アルミ向けの静電気帯電防止処理（オーデント）や耐熱性アルマイト処理（ウェルマイト）などでも独自技術を持ち、薄型ディスプレー（FPD）製造装置や真空装置、クリーンルームなどの部品での実績がある。また、化学の技術を応用したバイオテクノロジー分野にも取り組

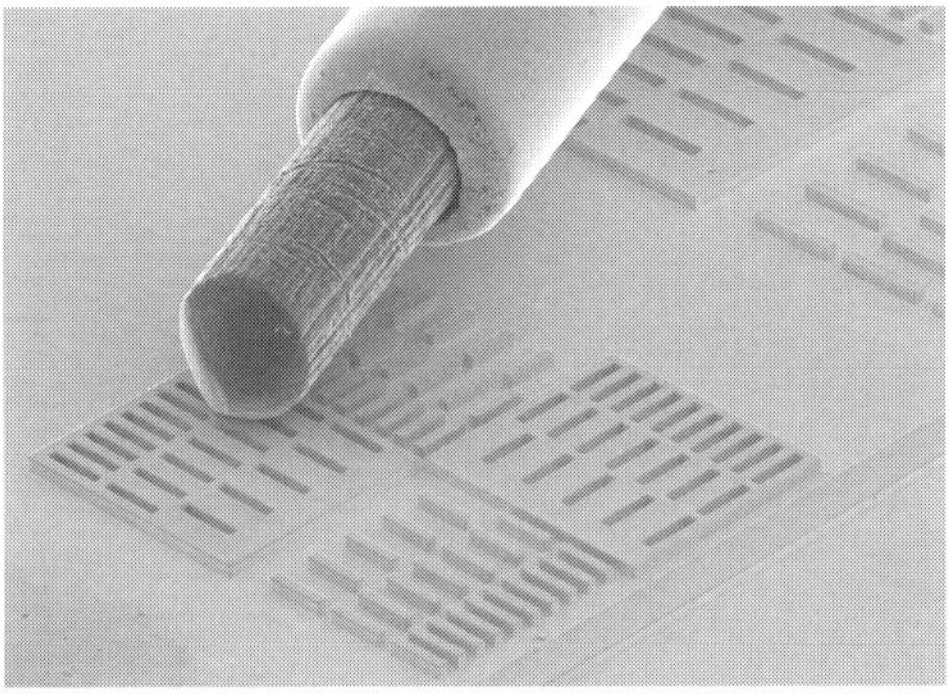

0.5㎜シャープペンシルの芯と比べた精密電鋳のサンプル

さまざまな用途が期待できるサクランと水溶液

む。それはラン藻で食用のスイゼンジノリから抽出する多糖類のサクランに関する事業。抽出を行い、希少金属（レアメタル）回収に関する研究を行う。サクランは保水性の高さなどの特徴もあり、化粧品原料に使われ、医療分野での応用も見込める。

受賞や認定も多い。07年に「元気なモノ作り中小企業３００社」に選定。12年に中小企業ＩＴ経営力大賞、13年に「ものづくり日本大賞九州経済産業局長賞」を受賞した。全国めっき技術コンクールでは、最高賞の「厚生労働大臣賞」を受賞している。熊本県からは県内産業をけん引する「リーディング企業」や、安心して働き続けられる「ブライト企業」に認定されている。

記者の目

研究開発で変化に対応

オジックテクノロジーズは半導体産業に鍛えられてきた。それは精密化など技術力を高め、品質を向上させたという意味だけではない。時代によって求められる技術の大きな変化に対応する機動性も備えた。複数の研究開発を同時進行させるのは、新たな事業の芽を早くから育てる取り組み。それが景気や技術の変化への対応力の強さとなっている。

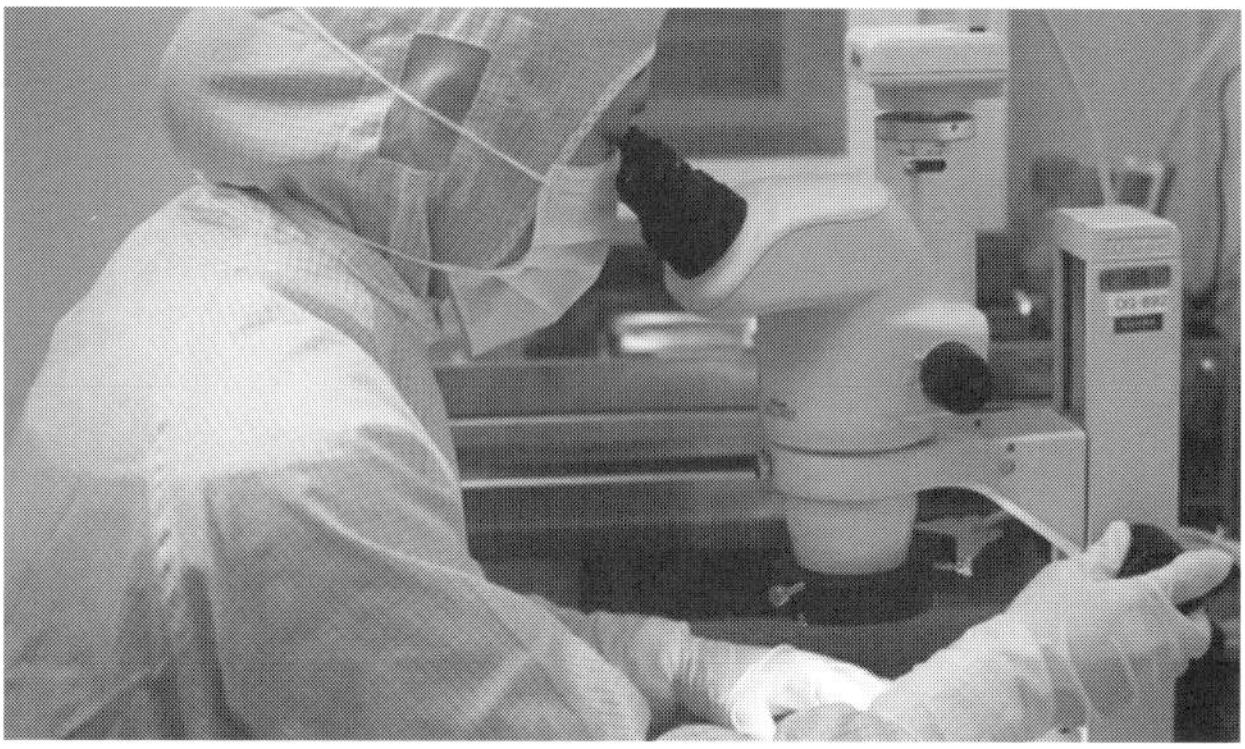

会社概要

住　　所：熊本県熊本市西区上熊本 2-9-9
電話番号：096-352-4450
創業年月：1947 年 10 月
業　　種：表面処理技術の開発および量産
売 上 高：14 億円（2016 年 10 月期）
事 業 所：合志事業所（熊本県合志市）

URL：http://www.ogic.ne.jp/

表面処理技術を通じて地域産業の発展と社会貢献を実現

㈱熊防メタル

熊防メタルは自動車や半導体、液晶などの加工装置部品をはじめ、さまざまな産業分野に対して、アルマイトや亜鉛メッキ、無電解ニッケルメッキ、電解研磨など多様な表面処理に取り組む。

1933年、熊本市で『前田めっき工業』として創業。戦後は農機具やバスの部品、自転車部品などのメッキ処理をしていた。60年代後半に大手電機メーカーが熊本に進出し半導体生産を始めた。その表面処理を行う『熊本防錆工業』として、熊本総合鉄工団地（熊本市東区）に工場を移

社是・理念

表面処理加工技術のパイオニアとして、時代が必要とする製品への表面処理技術を通じて地域の産業や社会に貢献するとともに、今後とも多様化するニーズに応えるべく努力をし、まごころをもって使命の実現に努めていく。

代表取締役
前田 博明 氏

転。75年には熊本に立地した大手二輪メーカーのオートバイ部品のメッキ処理の受注も始めた。やがて多様化する受注先に対応すべく、2001年、熊防メタルとして分社独立。半導体関連以外の産業分野の表面処理を受け持つことになった。その後、技術力と営業力で顧客を増やしていった。

■国内最大級の表面処理ラインが力を発揮

同社は大小多様な生産ラインを持つ。中でも強みとなるのは、国内最大級の表面処理ラインだ。半導体製造装置部品や液晶装置部品関連向け超大物アルマイトや硬質アルマイト、無電解ニッケルなどを行う大型設備だ。

独自の表面処理技術の開発にも力を入れている。例えば『イーマイトUH処理』はアルマイトでは最高級の硬さを出すことができ、耐摩耗性に優れている。12年に中小企業優秀技術新製品賞などを受賞した。

イメージキャラクターのクマボウ君。力強く握った拳は挑戦する熱意と決意を表す

IoT と連動した次世代型アルマイト大型ライン

品質管理も充実。各種高精度分析機器を使い、マイクロメートル単位で均一性や光沢性をチェックして加工品質を高めている。提案型営業も積極的に取り組み、顧客への最適な表面処理を提供する。大学などとの時代を先取りした技術開発にも力を入れる。新分野の一つとして航空宇宙関連事業にも取り組みを始めた。

17年1月には2億1000万円を投資して、モノのインターネット（ＩｏＴ）と連動した次世代型アルマイト大型ラインを導入した。スマートフォンなどで加工状態の管理や納期、生産管理が〝いつでも、どこからでも〟リアルタイムで確認が可能となった。前田社長は「新たな時代への高付加価値の表面処理に対応できる」と力を込める。

記者の目

技術力、営業力、社員一丸で、さらなる飛躍

同社の強みは技術力、営業力だけでない。従業員の団結力が大きい。2016年の熊本地震からの復旧は“負けんばい熊防メタル”をスローガンに掲げ「全社員が一致団結して頑張った」と前田社長は振り返る。17年度からの新スローガンは“熊防メタルの底力！新たな時代に挑む”だ。熊本地震からの創造的復興、そして、さらなる飛躍に期待したい。

会社概要

本社住所：熊本県熊本市東区長嶺西1-4-15
電　　話：096-382-1302
設立年：2001年1月
業　　種：金属製品の表面処理加工業
売上高：10億8000万円（2016年9月期）

URL：http://www.kb-m.co.jp

安心と先進で「空間づくり」から「価値づくり」へ

金剛㈱

金剛は測量器械の商社として熊本市で創業した。1957年に金庫メーカーを譲り受け、金庫や金庫室用鉄扉の製造を開始。強固で信頼性の高いモノづくりの伝統が現在に続く。金庫などに次いでスチール製家具を製品化。スチール棚を国立国会図書館に納めて知名度を高めた。開発した丸ハンドル式移動棚は全国の図書館などに納めている。その製品の発売は74年。移動棚は従来あったが総重量が1トンを超えることもあるため電動式が一般的だった。追い風となったのはオイルショック。電気を使わない省エネが注

社是・理念

企業理念は「安心と先進で社会文化に貢献する」。金剛は長年蓄積してきた保管の技術と先進の知恵で、人と社会と文化を応援します。事業コンセプトは「空間をデザインする」。心地よい空間か、収納する物にとっても優しい空間か。施設に応じた空間づくりをお手伝いしていきます。

代表取締役
田中 稔彦 氏

目され、女性でも1人で動かせるなどの操作性が評価を受けた。現在は電動式もあり、大型の自動書庫ではＩｏＴ（モノのインターネット）技術で不具合を検知して迅速に対処するシステムも構築する。

重い物を動かすことは動作品質の維持が難しい。金剛の強みは、重量物を動かすノウハウの蓄積。例えば数トンの重さを支える四つの車輪には停止状態でも大きな力がかかり続けている。納入先では1年間全く動かない棚も珍しくない。動いてなくても重力を受ける車輪や車輪の軸、軸受には過酷だ。

金剛は、物を載せた棚全体の構造から考えて設計する。車輪には硬度が高い金属を採用。軸や軸受の加工精度に細心の注意を払う。電動式は動作の制御も重要。載せた物が落ちないよう、動き始めと停止はゆっくりでなければならない。

丸ハンドル式移動棚は省エネと操作性の高さが評価されている

九州国立博物館では収蔵庫の内装や扉を手がけた

■「免震の金剛」

耐震と免震の技術も豊富だ。地震対策研究の歴史は40年近い。免震移動棚はレール上を動いて揺れを吸収。吸収できない揺れを耐震構造でカバーする。その技術は固定式の棚や美術品向けの台などにも展開。床に応用した部屋全体の免震も手がける。その性能は阪神・淡路大震災や東日本大震災、2016年の熊本地震で証明され、「免震の金剛」と呼ばれる。

文化財の保管にもかかわり、保存研究の実績も豊富。多様な材質の変化を防ぐため温度、湿度、光などの条件にも配慮する。総合的病害虫管理（IPM）の考えも取り入れており、人の健康や環境に配慮する保存科学を研究している。

記者の目

空間を超え、可能性広がる

2014年、10年後の姿として「空間づくりから価値づくりへ」を掲げた。図書館や文化施設など公共性の高い施設向け収納設備を開発、製作して納めてきた同社は、施設全体の企画提案も手がけられるようになり、空間プロデュースは拡大の可能性がある。しかし新ビジョンで「空間」を手放し、事業拡大の可能性をさらに広げた。

会社概要

住　　所：熊本県熊本市西区上熊本 3-8-1
電話番号：096-355-1111
創業年月：1947年2月
業　　種：オフィス・文化施設関連設備の製造販売
売 上 高：80億6500万円（2016年9月期）
事 業 所：熊本本社・工場、全国2支社、9支店、11営業所、1海外駐在員事務所

URL：http://www.kongo-corp.co.jp

世界最高水準の品質で部品加工を続け、メイド・イン・ジャパンを支える

ナカヤマ精密㈱

ナカヤマ精密は超硬合金・耐摩耗精密工具を専門とする加工メーカーだ。1ナノメートル（nm）、つまり10億分の1メートルレベルでの超精密加工技術の実現が事業の柱。この技術を核として超精密金型部品加工や精密機械部品加工、半導体装置部品、電子部品製造装置部品、医療、航空、宇宙関連部品の製造に取り組んでいる。

1969年の創業当初は旋盤を用いた線引きダイス加工からスタート。加工精度要求は0・01㎜だったが、技術革新と共に数マイクロメートルとなり、いまやナノメート

社是・理念

“お客様中心主義”　ナカヤマ精密は『お客様に満足を提供することによって、支持・信頼されること』をあらゆる事業活動の原点に置きます。お客様の要望に応え、真心のこもった製品を通じて、お客様の繁栄と社会の発展に貢献します。

代表取締役社長
中山 愼一氏

ルレベルのオーダーの加工精度が要求される。

製造拠点は父親で創業者の故中山昭男氏の故郷熊本県に熊本工場とテクニカルセンターを持つ。2013年に落成したテクニカルセンターは最新鋭のマシニングセンターや研削盤、放電加工機などを複数導入しており、10ナノレベルの制御や加工が可能だ。

■人と機械が生み出す超精密加工

一方、創業時から〝最後の仕上げは手仕上げ〟の精神は失っていない。若手技術者向けに手作業加工の研修制度も充実させている。ヒューマンウエア・ソフトウエア・ハードウエアの三位一体の総合技術力に磨きをかけて、更なるハイテクノロジーを追求している。

中山社長は「真の日本製とは、製品の中に組み込まれた部品もすべて日本製であること」と力を込める。納品先の

最新鋭工場
「テクニカルセンター」

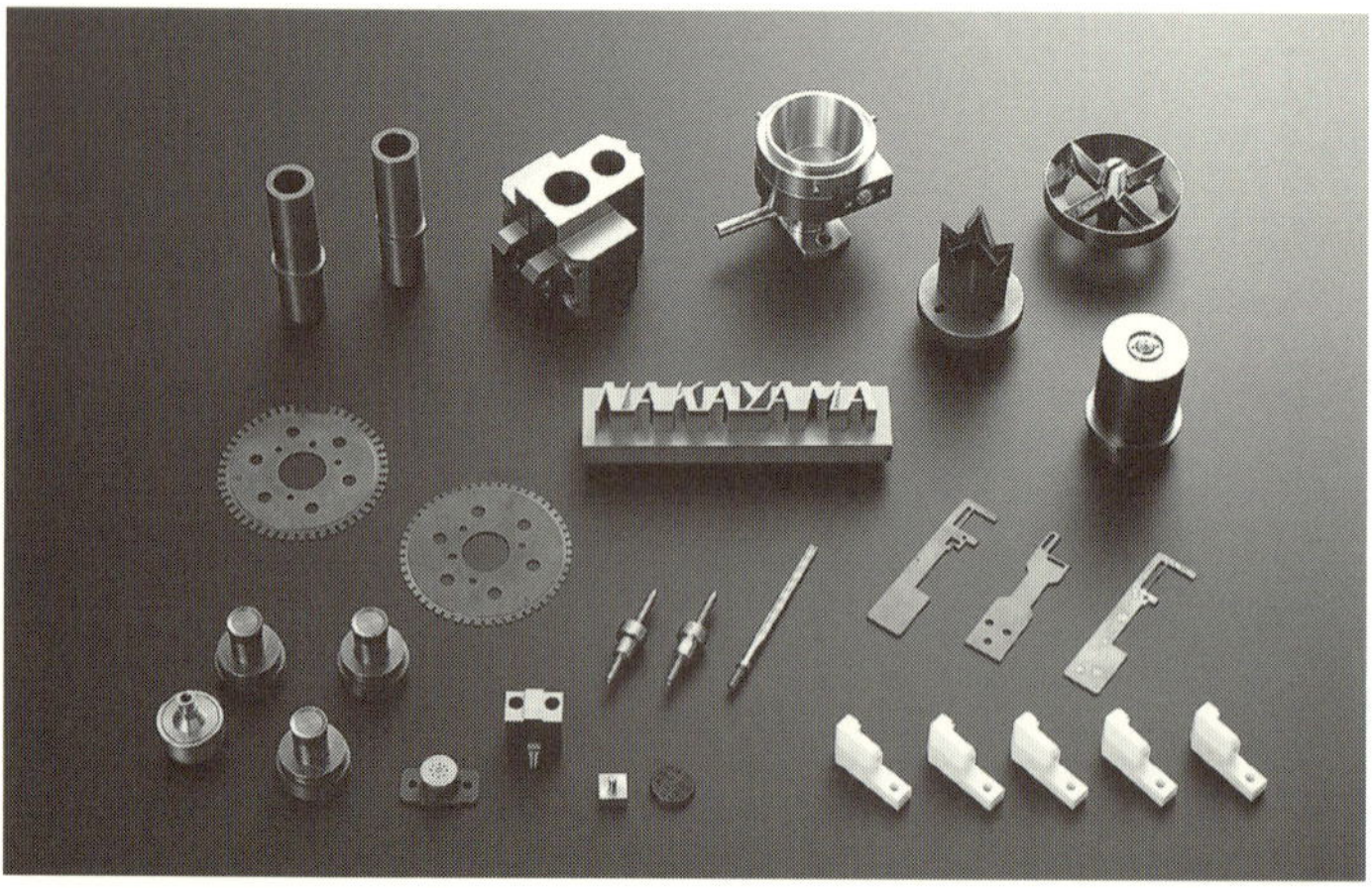

さまざまな精密機械部品

約9割が国内メーカー。将来、日本メーカーの日本国内回帰も見据えている。今後も、世界最高水準の品質レベルで部品加工を続け、メイド・イン・ジャパンを支え続けていくという。

16年4月の熊本地震では熊本工場が大きく被災した。「人的な被害はなく、社員の頑張りと多くの支援で復旧した。地震直後から復旧と同時進行で生産を再開した。6月には売り上げ受注共にほぼ回復、7月以降V字回復を続けている」（中山社長）。

17年は被災からの着実な収益回復に努めるという。4月には宮崎県に金型部品加工を行う新工場を操業する。18年には熊本工場の増設も計画している。

記者の目

熊本の航空産業拠点化を目指す

中山社長はモノづくりの新しい発想や技術力向上には“遊び心”が必要だと指摘する。2015年に立ち上げた航空事業部は社長の子供の頃からの“大空への憧れ”の実現でもある。社長自身も自家用操縦士のライセンスを取得。パイロット養成と航空機関連部品の製造を通じて熊本を航空機産業の集積地、拠点化につなげる構想だ。今から実現が楽しみだ。

会社概要

本社住所：大阪市淀川区西宮原2-7-38 新大阪西浦ビル801号
電　　話：06-4807-1500
設 立 年：1969年6月
業　　種：超硬合金を主とする耐摩耗精密工具類の設計・製造販売
売 上 高：24億7000万円（2015年11月期）
事 業 所：横浜営業所（横浜市港北区）、熊本工場（熊本県西原村）、テクニカルセンター（熊本県菊陽町）、テクノラボ（熊本県益城町）、香港事務所、上海事務所

URL：http://www.nakayama-pre.co.jp

日本のモノづくりを支える

九州の元気企業45社

NDC335

2017年4月11日　初版1刷発行

（定価はカバーに表示されております。）

©編　者　日刊工業新聞特別取材班
発行者　井　水　治　博
発行所　日刊工業新聞社

〒103-8548　東京都中央区日本橋小網町14-1
電　話　書籍編集部　03-5644-7490
販売・管理部　03-5644-7410
FAX　03-5644-7400
振替口座　00190-2-186076
URL　http://pub.nikkan.co.jp/
e-mail　info@media.nikkan.co.jp

印刷／製本　新日本印刷(株)

落丁・乱丁本はお取り替えいたします。　2017 Printed in Japan

ISBN 978-4-526-07707-4　C3034